10년후
일의 미래

10년 후 일의 미래

〈트렌즈Trends〉 지 특별취재팀 지음 | 권춘오 옮김

2023
GLOBAL TREND

일상이상

머리말

취업난 시대에 꼭 필요한 **'집단지성의 업계전망서'**

지금 전 세계는 경기불황으로 심각한 취업난을 겪고 있다. 우리나라 역시 연일 청년실업 및 일자리 창출과 관련된 기사가 신문을 가득 채우고 있다. 바로 이럴 때일수록 필요한 것이 미래에 대비하기 위해 지혜를 나누는 것이다. 집단지성의 시대에는 어느 한 개인이나 단체가 내놓은 미래예측보고서가 정답이 될 수는 없다. 이 책은 전 세계 각 분야의 전문가들이 정보와 지식을 공유해 발표한 미래예측서이므로, 이 책을 통해 지금부터 10년 후까지 새롭게 부상할 유망직종을 발견할 수 있을 것이다.

이 책은 전 세계 2만여 명의 전문가들이 참여한 미래학 연구지인 「트렌즈Trends」 지에 실린 기사 중 국내 독자에게 유용한 것들을 모아 엮은 것이다. 「트렌즈Trends」 지는 매월 6~8개의 사회·경제·신기술 관련 기사를 각 분야의 전문가들이 각자의 의견과 자료를 공유해 형성하는 '집단지성을 활용한 지식보고서'이다. 세계 최고의 미래학 연구기관인 세계미래학회와 「더 퓨처리스트The Futurist」 지에서 활동하고 있는 이들이 함께 만든 세계적인 미래학 전문지이다. 이 잡지에 실린 글들은 지구촌의 현재를 반영하기도 하고, 가까운 5년 이내의 미래, 10년 이후의 미래를 반영하기도 한다.

「트렌즈」 지가 발표한 기사를 엮은 책은 작년 이맘때 『10년 후 부의 미래』로 출간된 바 있는데, 이 책은 출간되자마자 예스24 등 주요 서점에서 종합 베스트셀러에 올랐고, 전경련 조찬모임 등 여러 단체의 추천도서로 선정된 바 있다. 지금 구글과 애플, 바이오브릭스, 메르세데스-벤츠 등의 기획자들은 「트렌즈」를 일독하고 있다. 앞서 말했듯이 '집단지성의 지식보고서'인 「트렌즈」 지는 '과거와 현재 그리고 미래의 상황'을 상당히 구체적인 지표와 통계 등을 통해 제시하고 있기 때문에, 일반적인 미래예측 서적들보다 좀 더 개연성이 있는 미래의 모습을 소개한다. 따라서 이 책은 신사업을 추진하려는 기업, 유망직종을 원하는 개인에게 매우 필요한 정보를 제공할 것이다.

실제로 「트렌즈」 지의 기사를 엮어 펴낸 이 책의 전작인 『10년 후 부의 미래』가 출간된 이후, 필자는 여러 기업으로부터 연락을 받았다. 책에 실린 미래 트렌드를 보다 자세히 알고 싶으니, 「트렌즈」 지의 관계자들을 소개해 달라는 부탁을 받기도 했다.

이번에 『10년 후 일의 미래』를 출간하고 나서는 또 어떤 부탁을 받게 될까? 책을 펴내기도 전에 그러한 궁금증이 밀려온다. 그만큼 이번에 펴낸 책에도 미래를 예측하고 새로운 시장을 선점할 수 있는 '집단지성의 훌륭한 충고들'이 담겨 있기 때문이다.

인간과 그 외의 존재가 다른 점은, 미래에 대비하는 적극적인 태도를 보이는 것이다. 인간 이외의 존재는 미래에 그 어떤 상황이 닥치더라도 그 상황에 적응하는 데만 급급할 뿐이고, 적응에 실패하면 곧 도태된다. 하지만 인간은 다르다. 미래를 예측해 미래에도 번영할 수 있는 최선의 방법을 찾기 때문이다. 바로 이러한 인간의 능력은 위기의 시대에 꼭 필요한 덕목이다.

미래를 대비하기 위해 알아야 할 지식과 정보는 갈수록 더 많아지고 있다. 세상이 워낙 빠르게 변화하기 때문일 것이다. 『10년 후 부의 미래』에 이어 출간된 『10년 후 일의 미래』는 더 빠르게 변화하는 우리 세계에 대한 이야기이다. 급변하는 세상에서 자연도태보다는 진화하기 위해 이 책을 펼쳐보자.

2013년 새봄에,

옮긴이 권춘오

차례

제1부

세계경제

트렌드를 읽어야 일자리가 보인다

01. 2020년, 임시직이 50%를 넘어선다 02. 학점보다 인문학적 소양이 중요해진다 03. STEM 분야 인재가 대우받는다 04. 세계 경제, 대변곡점을 이해하면 앞날이 보인다 05. 글로벌 인프라 시장이 부상한다 06. 미국은 장기적으로 경쟁력을 유지할까? 07. 중국의 소비혁명, 거대 소비 시장이 열린다 08. 유로존 국가들은 사회복지 지출을 줄일 것이다 09. 중국과 인도의 도시화, 무엇이 같고 무엇이 다른가

2023
GLOBAL TREND

01

2020년, 임시직이 50%를 넘어선다

지금 이 순간에도 비정규직이 갈수록 늘고 있다. 세계 각국 정부는 비정규직을 정규직으로 전환하겠다고 하지만 이는 선거를 앞두고 표심을 사로잡으려는 겉치레에 불과하다.

20년 전, 경영의 귀재 찰스 핸디Charles Handy는 삼엽조직shamrock organization이 등장할 것이라고 예상했다. 삼엽은 3개의 나뭇잎으로 구성된 식물을 일컫는데, 삼엽조직은 전문적인 정규직 근로자, 계약직 근로자, 신축적인 근로자임시직 근로자 등 세 집단으로 구성된 조직을 뜻한다. 이 조직은 지식정보화에 의해 나타나게 된 조직의 형태이다.

1980년대까지, 대다수 기업들은 거의 대부분 정규직, 장기근속

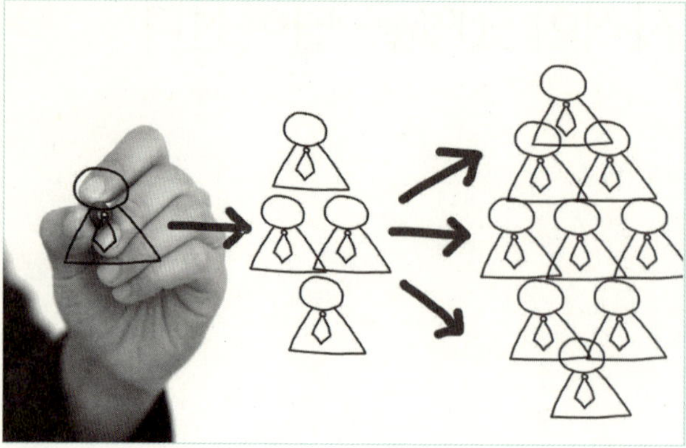

오늘날 임시직의 비율은 「포춘(Fortune)」 지가 선정한 100대 기업의 근로자 중 약 20% 내지 30%를 차지하고 있지만, 2020년이 되면 50% 이상을 차지할 것이다. 대부분의 기업은 소수의 정규직과 그보다 많은 계약직, 절대다수를 차지하는 임시직으로 구성될 것이다.

직원들로 이루어져 있었다. 사람들은 보통 좋은 직장을 구하면 정년퇴직할 때까지 계속 다닐 수 있을 것이라고 생각했다. 기업들은 이들에게 유급휴가와 여러 복리후생제도를 제공했다. 고용주는 직원들로부터 애사심을 기대했고, 직원들 역시 보람과 긍지를 느끼며 일했다. 하지만 모든 것이 바뀌었다.

찰스 핸디가 20년 전에 예견했듯, 오늘날의 고용구조는 삼엽조직으로 변모했다. 삼엽조직은 정규직인 전문직 근로자, 특정 제품을 제작하는 계약직 그리고 필요에 따라 고용되는 임시직으로 구성된다.

정규직은 조직의 가치 창출을 극대화하기 위해 적재적소에 계약직과 임시직 등을 배치하고 그 인재들이 자원을 활용하도록 감독하는 일을 수행한다. 계약직은 특정한 결과를 내기 위해 채용된다. 제조업에서는 보통 아웃소싱 생산과 물류 담당이 포함된다. 이들 계약직은 자신들만의 업무방식, 프로젝트, 지적 자본과 인적 자본을 획득하고 있는데, 이들이 개인이든 전문 회사에 속해 있든, 이들은 삼엽조직의 핵심 직원이 될 수는 없다. 마지막으로 임시직은 필요할 때에만 기업으로부터 업무를 배정받는다. 일반적으로 이들은 시간당, 일당, 또는 주당 급여를 받으며 기업의 요구에 따라 업무를 수행한다. 대부분의 임시직은 핵심 정규직 직원들의 바로 옆에서 일하지만, 동일한 고용 안정을 보장받지는 않는다. 그리고 이들은 실업률을 나타내는 통계자료에 포함되지도 않는다.

임시직 근로자들과 계약직 근로자들은 '임시 노동력'이라 불리는 형태로 구성되는데, 실업수당을 받지 못하는 근로자들이다. 그렇다면 근로자들에게는 유감스러운 이러한 근로 형태가 왜 생겨나게 된 것일까?

임시직 노동자가 탄생하게 된 가장 큰 요인은 사업 환경의 변동성이다. 기업들은 사업을 손쉽게 성장시키고 변화에 부응하기 위해, 자원을 자유롭게 옮기고 직원들을 저수익 분야에서 끌어내고 고수익 분야로 옮기고 싶어 한다. 이러한 기업의 요구 때문에 삼엽조직이 탄생하게 된 것이다.

또한 기업은 기업 이미지를 실추시키지 않고 남은 직원들의 사기를 저하시키지 않으면서 인력을 감축해야 하는데, 임시직을 활용하면 기업은 민첩성과 자유를 제공받는다. 기업들은 점차 이러한 고용 구조를 꺼리지 않는 파트너들을 찾고 있다. 그래서 갈수록 임시직이

많은 기업들이 기업 이미지를 실추시키지 않고 남은 직원들의 사기를 저하시키지 않으면서 인력을 감축하기 위해 임시직 근로자의 채용 비율을 높이고 있다.

많아지는 것이다.

지금 이 시간에도 많은 사람들이 정규직에서 물러나 직장을 잃고 스스로 자립해야만 하는 임시직 직원으로 전락하고 있다. 그리고 그 수는 적은 편이지만 기업에서 업무 능력을 인정받지 못해 정규직에서 물러난 사람들이 창업을 시작한 경우도 있다.

임시직과 마찬가지로 계약직 역시 언제, 어떻게 그리고 어디서 근무할 것인지 자유롭게 결정할 수 있다는 점에서는 장점이 있다. 하지만 이런 장점에 비해 단점이 더 많다. 기업은 이들에게 고용보장을 해주지 않으며, 의료보험 및 산재보험과 같은 복리후생, 퇴직자 연금, 병가, 자녀의 학자금 등을 알아서 해결해야 한다.

이처럼 임시직 근로자가 도처에 널리게 되자 기업들은 자신들이 원하는 대로 인력시장에서 최고의 지원자들을 임시직으로 채용할 수 있게 되었다. 또 기업들이 마음대로 직원들을 해고하면서, 임시직 이라도 일자리를 구하려는 사람들이 늘어나면서 비정규직과 임시직 인력시장은 지속적으로 성장해왔다.

기업들, 특히 대기업은 특정 프로젝트를 수행하기 위해 정해진 시간에만 고용되는 임시직 근로자들 덕분에 상당한 이익을 얻게 되었다. 사전에 정해진 예산대로 인건비를 소모할 수 있으므로 손해 볼 일이 없고, 임시직 근로자들은 프로젝트가 끝나면 아무 탈 없이 회사를 떠날 것이기 때문이다.

최근 오라클이 인수한 탈레오 연구소Taleo Research는 '기업이 임시직 근로자를 활용하면 적어도 20%의 비용절감 효과를 창출할 수 있다'고 발표했다. 이처럼 기업에게 매력적인 삼엽조직의 패러다임은 과연 변화할 수 있을까?

10년 후 세계
Report

첫째, 임시직은 2020년 말이 되면 그 규모가 현재보다 두 배로 증가할 것이다. 현재 이들 임시직은 「포춘Fortune」 지가 선정한 100대 기업의 근로자 중 약 20% 내지 30%를 차지하고 있다. 스태핑 인더스트리 애널리스트스Staffing Industry Analysts의 선임부사장 다나 쇼Dana Shaw는 2020년이 되면 임시직 비율이 50%까지 증가할 것으로 예측한다. 이 성장세가 시작되고 있다는 증거는 이미 존재한다. 미국노동통계국Bureau of Labor Statistics에 따르면, 2010년 이후 323만 명이 정규직 일자리를 잃고 고용보험 대상자에서 제외되었다.

둘째, 삼엽조직의 이점을 활용한 기업들은 생산성을 늘릴 것이다. 자동화가 공장의 생산성을 높이고 정보기술이 지식 노동자들의 생산성을 가속화한 것처럼, 기업들이 소수의 정규직을 보유한 조직으로 변모하고 끊임없이 계약직 및 임시직을 채용하면 기업은 더 큰 이윤을 남길 것이다. 이는 기업의 최고경영자뿐만 아니라 정규직 근로자와 기업의 주주들에게는 긍정적인 결과가 될 것이다. 수익률이 높아진 만큼 보너스와 배당금도 늘어날 것이기 때문이다. 하지만 그러한 혜택을 누리지 못하는 비정규직과 임시직 근로자들은 생활고에 시달릴 것이다.

이처럼 양극화가 심해지는 만큼 기업과 정부에 대한 불만도 당연히 커질 것이다. 이들이 거리로 나서게 되면 심한 경우 제2의 시민혁명이 일어날 수도 있다. 정부가 기업의 이러한 조직 시스템이 확산되는 것을 눈감아준다면 시민들은 가만있지 않을 것이기 때문이다. 따라서 민심의 정도에 따라 각국 정부는 선거 때에만 그럴싸한 노동정책을 발표하거나, 정부 주도하에 사회보장 시스템을 구축하려 할 수도 있다.

셋째, 역사를 통해 알 수 있듯이 문제점이 많은 시스템도 대세가 되면 당연한 것으로 받아들이게 된다. 자본주의에 대해 불만을 품었지만 자본주의의 시스템에서 어쨌거나 살아남기 위해 몸부림치는 사람들처럼 말이다. 임시직이 50%가 넘는 세상이 되면 불만족스럽긴 하지만 보편적인 현상으로 받아들이게 될 것이다. 그러한 세상에서 살아남기 위해 분투하는 임시직들이 늘어날 수도 있다. 업무 능력과 전문성 등에 따라 임시직들 사이에서도 보수 격차가 벌어질 수 있다. 어떤 임시직은 높은 연봉과 복리후생 혜택을 받는 정규직과 동등하거나 그들보다 높은 인센티브를 받을 수도 있다. 삼엽조직의 시대에는 탁월한 재능과 입증된 실적을 보유한 임시직에 대한 수요가 더욱 커질 것이다. 이처럼 기업이 선호하는 임시직이 되면 정규직 부럽지 않은 '프리랜서' 고유의 혜택을 누릴 수도 있다. 하지만 그러한 프리랜서는 극히 드물 것이다. 특정 업무 분야에서 전문성과 능력을 갖추지 못한다면, 임시직의 대다수는 상대적으로 적은 임금을 받으며 일할 것이다. 결국, 임시직에 몸담고 있더라도 전문성과 능력을 키우려는 노력이 필요하다.

넷째, 삼엽조직은 전통적인 근무 형태와 조직 구조를 변화시킬 것이다. 2030년이 되면, 대다수의 노동력은 기술의 발전으로 원격근무가 가능해지게 되므로 재택근무를 하게 될 것이다. 소수의 정규직이 재택근무를 하는 다수의 비정규직과 임시직을 감독하고, 이들 비정규직과 임시직은 업무 기여도에 따라 임금도 달라질 것이다. 이처럼 달라진 근무 형태로 인해 도시 구조 혹은 인프라 또한 달라질 것이고, 특히 대학교육은 달라진 취업 시스템과 맞물려 새로운 형태 및 구조, 방식을 도입할 것이다.

02 학점보다 인문학적 소양이 중요해진다

국가 경쟁력에서 인적 자본은 절대적으로 중요하다. 하지만 기업은 좋은 인재를 구하기 어렵다 하며, 구직자들은 대학을 졸업하고도 취업하기 힘들다고 한다. 그렇다면 현재의 교육 시스템은 과연 적합한 것일까? 사실대로 말하자면, 현재의 대학 교육은 상위 5%에게만 효과적이다. 그 결과 21세기형 기업에 필요한 인재가 부족한 상황이 발생하고 있다.

미국을 비롯해 아시아의 주요 국가들인 중국과 일본, 한국 등의 국가들에서는 대학에 반드시 가야 한다는 생각으로 인해 여러 가지 문제들이 야기되고 있다. 진화하는 글로벌 경제에서는 다양성과 창의성이 중요해지고 있다. 하지만 학교와 학부모는 학생에게 유망직종과 관련된 대학 학과에 들어가라고 강요한다. 학생 개개인의 개성과 자질을 무시한 채 획일적인 입시 교육을 강요하고 있다.

앞으로는 인문학적인 소양을 갖춘 '통섭형 인재'가 각광받게 될 것이다. 통섭형 인재는 이것저것 조금씩 잘하는 팔방미인이 아니라, 자기가 잘하는 한 가지는 있되 다른 전문 분야에도 충분한 소양을 갖춰 다른 분야 사람들과 어깨를 나란히 할 수 있는 인재이다. 전문성을 갖추면서도 다양한 지식을 두루 겸비한 통섭형 인재가 되기 위해서는 필연적으로 인문학적 소양을 갖춰야 한다. 어떤 현상이나 개념 등을 발견하려면 필연적으로 인간과 역사, 문화, 사회 등을 이해하는 인문학적 소양을 갖추어야 하기 때문이다. 이러한 인재상을 글로벌 기업들이 선호하고 있다.

개인마다 능력과 소질, 꿈이 상당히 다를 터인데, 미국과 아시아 국가의 고등학교에서는 입시를 위한 교육을 하는 데만 대부분의 수업시간을 할애하고 있다. 이는 인문학 교육을 권장하는 유럽의 고등학교들과는 사뭇 다른 모습이다. 미국, 한국 등 국가들의 경우, 입시 위주의 교육으로 많은 학생들이 자신에게 적합한 대학 학과를 선택하지 못한 채 대학생활을 보내고 있다.

미국을 살펴보자. 미국인 가운데 약 40%는 2년제 또는 4년제 대학을 졸업하고 있다. 문제는 '그 학위가 가치가 있는가?' 하는 점이다. 다음 통계를 보자.

현재 대학이 졸업생을 배출하는 비율은 노동시장이 해당 학위를 필요로 하는 일자리를 창출하는 비율보다 훨씬 높다. 1992년부터 2008년 사이에 대략 2천만 명 이상 대학 졸업생이 증가했지만, 같은 기간에 1,200만 명의 졸업생들이 결국 전공과 상관없는 직업을 가졌다. 왜 그럴까? 전공과 관련된 일자리를 구하기가 그만큼 어려워졌기 때문이다. 지난 20여 년 동안 과열된 입시경쟁으로 대학 졸업생이 부지기수로 늘어났고, 그 가운데 60%가 눈높이를 낮춰 취업을 했다는 뜻이다. 1992년, 510만 명의 학사 학위 소지자들은 학위가 필요 없는 직업에 종사하게 되었다. 2008년, 그 숫자는 3배 이상 증가한 1,740만 명이 되었다.

현재 대학을 졸업한 직장인들 가운데 3분의 1 이상이 택시 운전사, 비전문 영업직, 생산직 근로자 등 학위가 필요하지 않은 직장에 고용되었다. 실제로 미국에서는 약 33만 명의 웨이터와 웨이트리스가 자신들의 직업에 필요하지도 않은 대학 학위를 소유하고 있다.

지난 20여 년 동안 과열된 입시경쟁으로 대학 졸업생이 부지기수로 늘어났지만 대졸자들의 취업난은 심각하다.

국가의 미래를 위해 더 많은 대학 졸업생들이 필요하다는 주장은 공염불에 불과하다. 일례로 한국에서는 교육과학기술부와 한국교육개발원이 발표한 '교육 기본통계'에 따르면 대학 진학률은 71.3%로 나타났지만, 취업률은 59.5%이며 그중 상당수가 전공과는 무관한 직업을 택하게 되었다. 이러한 결과는 '대학이 인생의 전부'라고 믿는 그릇된 교육풍조와 학생들의 등록금을 노리고 우후죽순으로 생겨나는 대학들 때문에 비롯된 것이다.

학위를 받는 개인에게도 실질적인 가치가 거의 또는 전혀 없는 대학 학위를 취득하는 데 사회와 개인이 투자하는 비용은 수천억 달러를 넘어서고 있다. 그러는 동안, 인문학적 소양을 갖춘 동시에 과학 및 공학에 대한 지식도 갖춘 청년들이 매우 부족하게 되었다. 어쩌다 이 지경이 되었을까?

미국 교육의 역사를 설명한 『The Troubled Crusade』에서 저자 다이앤 래비치Diane Ravitch는 전문직, 기술직, 사무직, 관리직 중심으로 직업 구조가 바뀌면서 그러한 결과가 나타나게 되었다고 한다. 시장은 더 높은 기술을 요구했고, 대학 교육은 더 많은 보수를 받는 직장에 취업하고 중산층으로 진입하는 보증 수표와 동일시되었다.

시간이 흐르고 환경이 바뀌고 있는데도 불구하고 정부는 더 많은 학생들을 대학에 보내려 했다. 정부는 대학에 정부 보조금과 대출 등의 특혜를 주었다. 하지만 여느 정부 정책에서 흔히 볼 수 있는 것처럼, 여기에도 의도하지 않았던 결과가 따랐다.

미국기업연구소American Enterprise Institute의 찰스 머레이Charles Murray는 2008년에 저술한 『Real Education』에서 이렇게 결론을 내렸다.

'대학에 입학하는 사람들이 늘고 있지만 실질적으로 사회적 손실만 늘고 있다.'

머레이는 이해력과 추진력 및 판단력, 성숙한 인성 등의 인문학적 소양은 소수의 대학생들에게서만 찾을 수 있다고 주장했다. 즉, 고등교육의 교훈을 자신의 것으로 흡수하고 실천하지 못하는 학생들의 수가 상당하다는 것을 의미한다. 더 노골적으로 말하자면, 엄청난 수의 학생들이 대학을 졸업해도 대학 교육을 받지 않은 사람보다 그다지 탁월하지 않다는 것을 의미한다.

설상가상으로, 오늘날의 대학들은 졸업생들이 사회생활을 성공적으로 해나가는 데 충분히 관심을 기울이지도 않으면서, 더 많은 학위를 수여하는 데만 골몰하고 있다. 학생들에게 복수전공을 권장하는 것이다. 하지만 그러한 학점을 취득한다고 해서 기업은 그다지 반기지 않는다.

사회학자 리처드 아룸Richard Arum과 요시파 록사Josipa Roksa는 최근 저술한 『Academically Adrift학문적 표류』에서, 대학 생활을 경험한 학생 가운데 45%가 실생활에서 가장 중시되는 기술 중 두 가지인 비판적 사고와 작문 실력에서 주목할 만한 향상을 보이지 않았다는 점을 관찰했다. 아룸과 록사에 따르면, 학생들의 학업 진척도가 부족한 것은 대학들이 학점을 후하게 주기 때문이다. 너무나 많은 대학들이 학생들에게 학점을 후하게 주기 때문에, 기업은 더 이상 취업자들의 학점을 채용기준으로 삼지 않는다. 현재의 대학교육에 얼마나 문제가 있는지는 다음의 설문자료를 통해 알 수 있다.

- 평균적으로 학생들은 매주 공부하는 시간이 겨우 12~14시간밖에 안 된다. 그 시간 중 상당수는 전공수업과는 무관한 취업 공부를 한다.
- 응답자 가운데 절반은 학기마다 20페이지가 넘는 리포트를 제출해야 하는 과목은 피한다고 대답했다.
- 학생들 가운데 32%는 매주 40페이지 이상 책을 읽어야 하는 과목을 피했다.

기업에서는 프레젠테이션과 기획안 작성 등의 능력을 중요시하는데, 이러한 능력은 경영학 수업만 듣는다고 해서 길러지는 것은 아니

창의력과 상상력이 중요해진 세상에서 전 세계 주요 글로벌 기업들은 통섭형 인재를 선호하고 있다.

다. 사실 기업은 단순한 업무 기술보다 통섭형 인재를 선호한다. 어떤 현상에 대해 다양한 각도에서 사고하고 결과를 도출해내기 위해서는 비판적인 사고와 연구가 필요하다. 모든 학문은 그 연구를 위해 비판적 사고력이 필요한 법인데, 리포트 작성과 독서를 기피하고 있는 학생들에게도 후하게 학점을 주고 있으니 문제가 생긴 것이다.

결국, 학교는 엄청나게 많은 돈을 벌어들이지만 학생들은 기업에서도 환영해주지 않는 학점과 대학졸업장을 거머쥔 채 주체할 수 없는 빚더미에 올라앉게 되는 경우가 너무도 많다. 이러한 현실은 다음의 질문으로 이어질 수밖에 없다.

'학자금 대출은 과연 누구를 위한 것인가?'

정부와 은행은 학자금 대출이 저소득층 및 중산층 대학생들을 위한 바람직한 정책이라고 하지만 대학을 졸업해도 취업하기 힘든 세상에서 학생들을 희망 없는 빚쟁이로 내몰고 있다. 이러한 대학 교육 시스템이 취업난이 심각한 시대에 크나큰 문제로 떠오르자 각국 정부가 교육개혁을 추진하고 있다. 이러한 추세를 고려할 때 다음의 3가지를 예측해볼 수 있다.

10년 후 세계
Report

첫째, 정규직 취업률이 심각하게 줄어드는 사회에서 대학은 생존을 위해 해당 산업과 연계된 다양한 산학연계 교육 시스템을 보다 많이 개발하려 들 것이다. 일례로, 회계사가 되려면 CPA 시험공인 회계사 시험에 합격해야 하는데, 이는 해당 업계에서 요구하는 수준 높은 실력을 갖췄다는 점을 보증한다. 기업은 회계 업무의 적임자를 찾기 위해 학사 또는 석사 학위 소유자 대신 이 시험에 합격한 인재를 선호한다. 따라서 대학의 회계학과에서는 이 시험과 관련된 교육을 하는 데 수업 비중을 보다 많이 늘릴 것이다. 이처럼 다른 학과에서도 기업이 원하는 자격증을 취득하는 데 유익한 교육을 늘려나갈 것이다. 청년실업이 극심해진 세상에서는 취업률이 높은 대학에 많은 학생이 몰리기 때문이다.

둘째, 대학은 학생들의 취업을 위해 공을 들이는 반면에 인문학과 관련된 교양 수업도 늘릴 것이다. 대학 본연의 학문적 기능을 잃지 않으면서 21세기가 원하는 통섭형 인재를 길러내기 위해, 인문학적 소양을 갖춘 인재를 양성하려 할 것이다. 창의력과 상상력이 중요해진 세상에서 전 세계 주요 글로벌 기업들은 그러한 인재상을 요구하고 있기도 하다. 2013년, 삼성은 상하반기 공채에서 인문학부 출신 대졸자 200명을 뽑아 소프트웨어 전문가로 양성할 예정이다. 마찬가지로 구글, 애플 등 글로벌 기업들도 인재 채용에 있어 인문학적 소양을 갖춘 인재들을 선호하고 있다. 이 같은 추세로 비춰볼 때 지금부터 10년 후까지 인문학의 붐이 일 것 같다.

셋째, 고등학교 시스템이 변화할 것이다. 현재 고등학교는 대학에 진학하기 위해 다니는 통과의례적인 교육기관이 되었다. 하지만 대학을 졸업해도 취업하기 힘들어진 세상에서 업무 기술과 직접적으로 연관되는 교육을 권장하는 고등학교들이 큰 인기를 얻을 것이다. 우수한 직업전문 고등학교는 기업이 원하는 기술을 습득하게 하여 학생들에게 자부심과 자신감을 심어줄 것이고, 그들이 사회에 빨리 적응해 나가는 기술직으로 성장할 수 있도록 할 것이다. 정부 역시 과다한 교육비 낭비로 개인과 국가 모두 손해를 보고 있다는 것을 잘 알고 있기 때문에, 이러한 고등학교를 늘릴 것이다.

03 STEM 분야 인재가 대우받는다

앞에서 우리는 통섭형 인재에 대해 알아보았다. 가까운 미래의 기업들은 통섭형 인재뿐만 아니라 또 다른 인재에 목말라할 것이다. 전 세계를 열광시킬 혁신적인 아이디어는 좋은 설비를 갖춘 하드웨어가 아니라 창의적인 인재에게서 비롯되기 때문이다.

오늘날 지구촌의 인재영입전쟁은 과거보다 더 치열해졌다. 그 결과에 따라 21세기 경제를 지배하느냐 아니냐가 결정되기 때문이다. 누가 과연 이 전쟁에서 승리할까? 누군가가 승리를 한다면 그 이유는 무엇일까?

많은 글로벌 기업들이 실업률은 높지만 정작 쓸 만한 인재는 부족하다고 말한다. 전문가들이 부족한 상황에서 산업 규모는 커지고 있기 때문이다. 문제는 지적이며 전문 지식을 갖추고, 경력이 충분한 노동자들이 부족한 데서 비롯되었다. 이러한 사태는 고도의 능력을 갖춘 베이비 붐 세대들의 사망과 은퇴로 일어난 것이다. 그러한 노동력을 대체하고 새로운 기술을 개발할 수 있는 인재에 대한 수요가 향후 십 년 내에 크게 높아질 것이다. 결과적으로, 좋은 인재를 개발하는 일이 국가적 차원에서 성공을 결정하는 중요한 요소가 되고 있다.

이것은 미국과 유럽, 일본, 한국 등 선진국만의 문제가 아니다. 실제로 전 세계에서 많은 국가들이 필요한 기술직 인재가 부족한 사태를 경험하고 있다. 뛰어난 인재들은 이미 뛰어난 인재를 많이 보유하고 있거나 앞으로 보유할 가능성이 큰 곳으로만 이동하기 때문이다. 일자리를 찾는 수많은 사람들이 실업으로 몰리고 있는 시대에, 고급 인재들을 찾을 수 없다는 사실은 고용주들에게 절망감을 안겨주고 있다.

기업들은 더 이상 대학졸업장을 원하지 않는다. 대신 이들은 학사 혹은 그 이상의 학위에 상관없이 제대로 된 기술과 지식을 갖춘 인재를 원한다. 이러한 수요는 사무실, 생산 공장, 병원, 로펌 등을 포함해 거의 모든 사업장의 직업군을 관통한다. 세계에서 가장 큰 노동력을 보유한 세 국가인 미국, 중국, 인도에서 실제로 이러한 일이 일어나고 있다.

미국은 100년 전에 고안되고 만들어진 교육-채용 시스템을 아직도 운용하고 있다. 오늘날의 직업군에 맞도록 인재를 양성하는 시스템에 대한 개혁이 거의 일어나고 있지 않다. 사회학자들은 이러한 현상은 교육 시스템뿐만 아니라 대중문화 때문이기도 하다고 주장한다. 그들은 오늘날의 학교와 대중문화는 학생들이 과학Science, 기술Technology, 공학Engineering, 수학Math 분야-이들의 앞 글자를 따서 'STEM'으로 불린다.-에 관심을 불러일으키지 못하게 하고 있다고 비판한다. 21세기에는 STEM 분야의 인재에 대한 기업의 수요가 늘 것이다.

기술직 부족을 야기하고 있는 또 다른 문제는 '해외 고급 노동자'의 유입이다. 미국의 경우를 살펴보자. 전통적으로 미국은 자국 내 기술직 노동자들의 부족분을 해외에서 우수한 교육을 받은 인재들을 유입함으로써 해결해왔다.

하지만 미국이 비자 발급 외에 어떤 유인책도 활용하지 않는 반면, 오늘날 다른 국가들은 인재를 유치하기 위해 보조금과 더불어 인센티브를 적극적으로 장려하고 있다. 이로 인해 글로벌 경쟁력을 갖춘 고급 인재들이 미국이 아닌 다른 국가들로 모여들고 있다. 더군다나 배타적인 이민정책으로 미국 기업들은 피해를 보고 있다. 반면 다른 국가들은 외국의 고급 노동자들을 적극적으로 영입하고 이들을 어엿한 국민으로 대우하고 있다.

지금부터 10년 후까지 전 세계의 실업률은 소폭으로 낮아질 것이다. '그렇다면 매우 반가운 소식이 아닌가?'라고 생각할 수도 있겠지만 사정은 좀 다르다. 앞으로는 임시직의 비율이 크게 늘어날 것이다. 임시직은 실업률에 포함되지 않으니 통계상으로 볼 때만 실업률이 낮아질 것이다.

하지만 준비된 인재에게는 희망이 있다. 고급 인재에 대한 수요는 갈수록 증가할 것이고 국가 간의 인재영입전쟁이 활발해질 것이다. 글로벌 인재영입전쟁에서 승자가 되고 싶은 국가 지도자 혹은 경영자라면 타국에서 모범적으로 채택하고 있는 다양한 인재 영입 인센티브 제도를 눈여겨 살펴봐야 할 것이다.

중국이 마련한 '국가 중장기 인재 개발 계획'을 살펴보자. 중국은 중국 태생의 성공한 해외 거주자들이 중국으로 돌아와 일을 시작하는 경우 미국 달러 기준으로 6자리 금액의 보상을 보장하고 있다. 게다가 귀국한 사업가들에게는 무료로 주택을 제공하고, 보조금과 더불어 법인세를 수년간 면제해주는 혜택도 제공하고 있다. 칠레 정부는 칠레에서 사업을 시작하는 외국인 사업가들에게 4만 달러를

준비된 인재에게는 희망이 있다. 고급 인재에 대한 수요는 갈수록 증가할 것이고 국가 간의 인재영입전쟁이 활발해질 것이다.

제공하고 있다. 이들이 사업에 성공할 수 있도록, 무료 사무실뿐만 아니라 스페인어 학습 기회, 투자자들과 멘토도 제공한다.

아쉬울 것 없어 보이는 독일조차 그렇다. 독일은 역사적으로 이민자를 우대해왔고, 빠르게 성장하는 STEM 산업 분야를 성장시키기 위해 비유럽 IT 전문가들을 위한 '그린카드' 프로그램을 시행해왔다. 이것은 고급 연구 조사자들, 최고 수준의 비즈니스 관리자들, 능력과 기술을 갖춘 인재들이 독일 사회에 적응할 수 있도록 유도하는 프로그램이다.

현재 전 세계는 능력을 갖춘 노동자들에 대한 수요가 절박한 수준에 이르고 있다. 조만간 인재영입전쟁에서 패하는 국가는 큰 사회적 비용을 치러야 할 것이다. 대형 회사들이 필요한 인재의 거의 대부분을 흡수하는 경우 중소기업들의 인재 유치에는 빨간 불이 켜질 것이다. 미국의 맨파워Manpower Inc. 사는 미국 기업의 10~20%가 핵심 인재를 유치하지 못해 2020년에 문을 닫아야 할 것이라고 예측하고 있다.

이러한 인재전쟁의 서막을 고려해볼 때, 우리는 2가지를 예측할 수 있다.

10년 후 세계
Report

첫째, 정부와 기업, 교육 영역의 리더들은 새로운 기술 주도 경제에서 활약할 역량을 갖춘 인재를 영입하려 할 것이다. 인재영입전쟁이 시작되면 장기적 관점에서 미국을 비롯한 현재의 선진국들이 승자가 될 확률이 높다. 높은 임금을 감당할 만한 경제여건과 선진화된 비즈니스 시스템을 갖춘 선진국이 유리할 것이기 때문이다. 이렇듯 주요 선진국들이 인재영입전쟁에서 승자가 되기 위해 고급 인재들에게 문을 활짝 열 것이니, STEM 산업 분야에 필요한 인재가 되면 실업난 시대에도 웃게 될 것이다.

둘째, 지금부터 10년 후까지 선진국뿐만 아니라 개발도상국들에서도 이민 정책에 대한 사회적 논의가 활발해질 것이다. 연구자들과 과학자들은 한목소리로, 미래의 경제적 성과를 나타내는 최고의 지표는 한 국가 전체 인구의 상위 5%가 '지적 인구'인지 아닌지에 달려 있다고 말하고 있다. 호주는 고급 인재를 유치하기 위해 매년 126,000개의 비자를 발급하고 있다. 한 국가가 국가경제에 필요한 숙련된 기술직을 자국민으로 채우려면 상당한 시간과 비용이 필요하기 때문에, 이민 정책은 이에 대한 좋은 해결책이 될 수 있다. 따라서 글로벌 세계에서 통하는 능력만 갖춘다면 해외 취업이 용이해질 것이다.

04 세계 경제, 대변곡점을 이해하면 앞날이 보인다

전설적인 아이스하키 영웅 웨인 그레츠키Wayne Gretzky는 "퍽이 있는 곳이 아니라 퍽이 향하는 곳으로 가야 하고, 퍽을 잡으면 무엇을 해야 할지 파악해야 한다"라고 말했다. 2000년 닷컴 거품이 붕괴된 이후, 세계 경제는 연이은 불황을 겪고 있다. 하지만 이러한 불황과 어려움은 장기적인 대변곡점의 사이클로 이해해야 한다. 그레츠키의 시각을 가지고, 우리는 이러한 사이클이 현재 어디를 향하는지에 중점을 둬야 한다.

지난 250년 동안 세계는 약 50년마다 새로운 기술 혁명으로 혼란을 겪었다. 하지만 이러한 혼란은 곧 수천만 명의 삶을 향상시켰고 경제를 개혁했다. 또한 승자와 패자를 발생시켰으며, 신생 기업이 거

카롤타 페레즈 교수는 '모든 기술-경제 혁명은 3단계로 이루어진다'고 말했다.

대 기업으로 거듭나는 것을 지켜볼 수 있었다.

1771년 영국에서 시작된 첫 번째 혁명은 공장과 기계를 사용하는 공업 생산의 시대로 나아가게 했고, 1829년 시작된 두 번째 혁명은 철도, 증기, 석탄, 철강의 시대를 열었다. 1875년은 어땠는가? 미국에서 시작된 이 세 번째 혁명은 철강과 중공업의 시대였다. 1914년 미국에서 시작된 네 번째 혁명은 자동차, 석유, 대량생산의 시대를 열었고, 1971년 미국에서 시작된 다섯 번째 혁명은 정보기술과 통신의 시대를 열었다.

이러한 변화의 시대를 우리는 변곡점이라고 부른다. 그런데, 이러한 기술-경제 혁명의 본질을 인식하는 사람들은 소수에 불과하다. 또한 각 혁명에는 예측 가능한 패턴이 동일하게 뒤따른다는 사실을 아는 사람들은 더더욱 적다. 따라서 이러한 패턴과 혁명을 주도하는 요인을 이해하게 되면, 엄청난 경쟁 우위를 갖출 수 있다. 이러한 이해는 수백 가지의 다양한 기술 트렌드, 인구 통계학, 심리학 등의 관계를 풀어내는 데 필요한 '마스터키'이기 때문이다.

그렇다면 다섯 번째 기술-경제 혁명이 시작된 지 40년이 지난 오늘날, 우리는 이제 어떤 변곡점의 시대를 향하고 있을까? 앞으로 10년 뒤 세계 경제를 이끌게 될 기술 혁명은 무엇일까? 이러한 변화를 이해하기 위해서는 우리가 살고 있는 이 시대와 이전의 혁명들이 일어났던 상황들을 대조해 살펴봐야 한다. 케임브리지대학교Cambridge University의 경제학자 카를로타 페레즈Carlota Perez 교수는 수십 년 동안 기술 혁명에 관한 연구를 진행했다. 그의 연구에 따르면, 앞서 발생했던 1~4번째의 기술-경제 혁명은 3단계로 이루어졌다.

1단계는 신기술이 선보이는 도입Installation 단계이다. 1단계에서 투자자들은 자본을 투입하고 신속하게 수익을 거둬들이며, 투자 열기가 폭발하고 불가피하게 거품이 터지게 된다. 2단계는 이행Transition 단계로, 투자자들이 잔해를 조사하고 거품이 낀 자산을 재평가하는 것이다. 3단계는 기술이 경제 및 일상생활에 완전히 스며들게 되는 전개Deployment 단계로, 이 시기는 기술이 잠재력을 실현시키는 시점이다. 즉, 투기와 벤처자본이 실질적인 이익을 주도하는 경제로 진입하는 '전성기Golden Age'에 이르게 되는 것이다.

페레즈 교수는 수많은 논문과 연구를 통해, 기술이 전개 단계에 도달하는 데 오랜 시간이 걸린다는 점에 주목했다. 이렇게 오랜 시간이 걸리는 이유는 창조적 파괴의 과정이 먼저 이뤄져야 하기 때문이다. 따라서 모든 변곡점에 있어 개인과 기업 및 정부는 처음 20년 내지 30년 동안에는 낡은 패러다임을 잊어버리고 새로운 패러다임이 제공하는 혜택을 발견해야 한다.

일반적으로 도입 단계에서 정부는 새로운 패러다임에 별다른 투자를 하지 않는다. 투자자들이 신생 기업에 투자하는 투기성 자금은 우리가 닷컴 붐 당시에 보았던 것처럼 기업가로 하여금 신속하게 부를 축적할 수 있게 하며 거품을 조성한다.

하지만 보다 중요한 점은, 이러한 초기 투자가 전개 단계에 필요한 기반시설을 건설한다는 점이다. 이는 19세기에 선진국 전역에서 수천 마일에 달하는 철도를 건설했다는 사실로도 엿볼 수 있는 대목이다. 우리 시대에 이에 필적할 만한 현상은 지구상의 대다수 지역이 인터넷으로 연결되었다는 점이다. 그런데, 여기서 한 가지 주목해야 할 사실이 있다. 이전의 모든 기술-경제 혁명에서, 도입 단계의 호황은 모두 붕괴로 끝을 맺었다. 닷컴 거품이 붕괴된 사건은 이러한 맥락에서 이해해야 한다.

페레즈 교수는 다섯 번째 기술-혁명의 시대 또한 도입 단계가 2001년 닷컴 붐의 폭락과 더불어 끝을 맺었어야 한다고 지적한다. 하지만 몇몇 요인이 이행 단계를 지연시켰고 대신 2003년부터 2008년까지 두 번째 거품이 만들어졌다.

예를 들자면, 앨런 그린스펀Alan Greenspan이 이끌던 연방준비제도

Federal Reserve는 이율을 사상 최저로 낮추고 용이한 신용대출 환경을 조성하면서 인플레이션을 억제할 방법을 모색했고, 은행과 대출기관은 생애 최초로 주택을 구입하는 사람들을 위해 대출 자격요건을 완화했으며, 많은 경우 보증금을 요구하지 않거나 담보대출 첫해에는 최소한의 월별 상환금을 지불하도록 했다. 더불어 중국이 저가 제품을 제조하는 국가로 세계적인 영향력을 가지면서 소비자의 구매력을 증가시켰지만, 한편으로는 무역 불균형을 초래하기도 한 저렴한 제품들이 미국과 유럽, 일본과 한국 등의 시장에 유입되었다. 금융회사들은 위험이 줄어들 것으로 여기면서 파생상품과 신용부도 스와프와 같은 혁신적인 상품에 투자했지만 실제로는 경제 전체를 위험에 빠뜨리고 말았다.

즉, 1990년대 말의 닷컴 붐은 기술 혁신이 사태를 주도했고 거품을 일으켰다. 하지만 정부와 소비자들은 정신을 차리지 못했고, 2003년부터 2008년 사이에 주택 붐을 일으켰다. 또 다른 폭음으로 닷컴 거품의 숙취를 피했지만, 두 번째 불황을 일으킨 것이다. 이로 인해 고통스러운 이행 단계가 지연되었고, 전개 단계인 '호황기'는 아직 다가오지 않았다. 흥미롭게도 대침체 기간에 이어진 마지막 이행 단계 역시 미흡한 정책으로 인해 연장되었다.

하지만 이러한 침체와 연장은 대변곡점으로 향하는 트렌드에 큰 영향은 미치지 못할 것이다. 새로운 패러다임의 기술과 비즈니스 모델이 새로운 경제 성장을 이끌 것이기 때문이다. 이미 우리는 새로

전개 단계에서 확고하게 스며든 정보통신 기술들은 경제 전반의 생산성을 급격하게 증가시킬 것이다.

운 기술로 삶과 직장의 양상을 바꾸고 있고, 기업들은 더욱 효율적으로 변모해가고 있다.

약 200년 전, 철도가 배치되었을 때 그것이 곧바로 기존의 역마차 사업을 완전히 장악하지는 못했다. 하지만 종국에는 운송 산업을 완전히 변화시켰고, 철도와 관련된 산업들을 키우고 수많은 기업과 기업가에게 새로운 기회를 제공했다. 약 100년 전, 자동차 산업이 등장했을 때 그것 또한 기존의 운송 수단을 완전히 대체하지는 못했다. 하지만 현재 자동차 산업은 한 국가의 부를 좌우하는 거대 산업이 되었고 삶과 직장, 산업에 혁명을 일으켰다.

마찬가지로, 오늘날 인터넷의 확산, 디지털화, 소셜 네트워킹과 더불어 정보화 혁명의 전개 단계에서 우리는 기존 산업을 모두 대체하지는 못했다. 하지만 앞으로 우리가 만나게 될 기술은 마이크로소프트Microsoft, 구글Google, 페이스북Facebook과 같은 기업뿐만 아니라 이러한 도구를 사용해 비용을 절감하고, 획기적인 신제품을 선보이며, 잠재적으로 수십억 명의 신규 고객을 확보할 수 있는 기업과 기업가들에게 새로운 기회를 제공할 것이다. 즉, 전개 단계에서 확고하게 스며든 정보통신 기술들은 경제 전반의 생산성을 급격하게 증가시킬 것이다. 이러한 미래를 고려할 때, 현재의 침체는 작은 일부일 뿐이다.

10년 후 세계
Report

첫째, 전개 단계는 투자자와 기업가들에게 새로운 '전성기'를 예고할 것이다. 오늘날 OECD와 같은 국제기구에서 발표하는 성장과 관련된 주된 예측은 터무니없을 정도로 비관적이다. 예를 들면, 미국 인구가 매년 1%씩 증가하고 기술 주도형 생산성 증가가 2.7%라는 보수적인 수치를 언급하면서, 미국이 적어도 실질 GDP상 최소 3.7%의 연성장률을 보여야 한다는 식이다. 마찬가지로 중국의 성장은 지난 20년 동안의 비율보다 더디지만, 필요한 원자재를 얻을 수 있는 동안에는 소비자 경제를 촉진해 아무런 문제없이 8% 이상 성장하게 해야 한다는 주장은 비관론을 더욱 증폭할 뿐이다. 이러한 비관론과 달리, 세계의 실질 GDP는 적어도 연간

5%는 증가할 것이고, 2030년이 되면 그 수치는 현재의 3배에 이를 것이다.

둘째, OECD의 수치를 활용한다면, 전 세계는 72조 달러에 상당하는 새로운 기반시설을 필요로 할 것이다. 하지만 만약 기반시설이 우리가 예상하는 추가 GDP를 수용하기 위해 이와 비례해서 증가해야 한다면, 지금부터 2030년까지 대략 100조 달러에 달하는 누적 투자가 이루어져야 할 것이다.

셋째, 전개 단계에서는 천연자원과 기술 역량을 토대로 세계적으로 다양한 분야에서 전문화를 향한 중대한 움직임이 일어날 것이다. 기본 생필품의 생산은 앞으로 꾸준히 아시아 개발도상국으로 이전될 것이며, 천연자원에 의존하는 제조업은 점차 라틴아메리카와 러시아에서 자리를 잡게 될 것이다.

넷째, 5번째 기술-경제 혁명의 전개 단계에서 새로운 경제 패러다임은 환경과 경제를 모두 충족시키는 '친환경'을 추구할 것이다. 앞에서 언급한 4가지 기술-경제 혁명이 풍부한 천연자원을 토대로 이루어졌다면, 지금의 혁명은 일부 자원의 공급이 한정되어 있는 현실을 반영할 것이기 때문이다. 이는 재료과학, 나노공학 및 IT의 발전으로 제품 및 생산을 보다 효율적으로 통합한다는 것을 의미한다. 마치 오늘날 휴대폰이 카메라와 전화기, GPS 기기 및 뮤직 플레이어를 대신하는 것처럼 제품은 점차 다중 기능을 갖출 것이다. 마찬가지로 플라스틱, 물, 섬유 및 기타 자원을 재활용하는 새로운 방법이 원료의 유용성을 넓혀줄 것이다.

다섯째, 6번째 기술-경제 혁명의 도입 단계는 2030년 즈음에 시작될 것이다. 오늘날에는 상상하기 힘든 방식으로 생명공학과 나노공학이 가진 완전한 잠재력을 발휘할 것이다. 1930년대 후반부터 1940년대 초 사이 4번째 기술-경제 혁명의 변곡점에서, 대공황이 끝나고 미국이 제2차 세계대전에 참전하면서 미국의 도로에 일본과 독일산 자동차로 가득 차는 세상, 또는 인터넷이 사람들의 소통방식과 경영방식 그리고 사교방식을 변화시키는 세상을 미처 상상하지는 못했다. 마찬가지로, 5번째 혁명의 이행 단계에서, 다음 혁명 기간 동안에 어떤 놀라움이 우리를 기다리고 있을지는 정확하게 알 수는 없다. 하지만 이 변화에 대비하는 사람에게 행운이 따를 것이다.

05 글로벌 인프라 시장이 부상한다

활기찬 경제 성장을 이루기 위해서는 탄탄한 기반시설, 즉 인프라가 필요하다. 고속도로, 철도, 휴대폰 중계소, 공항, 항구, 전력망, 발전소, 원유 및 가스 파이프라인 및 상하수도 시설 등이 이에 해당된다. 선진국 및 개발도상국, 저개발 국가를 포함하여 2030년까지 이러한 글로벌 인프라 시장에 대한 투자 규모는 무려 70조 달러에서 100조 달러에 이를 것으로 예측된다. 이와 관련된 업종은 무엇일까?

지금부터 20년 후까지 우리는 인프라에 대한 전례 없는 규모의 투자를 목도하게 될 것 같다. 이러한 호황에 불을 지피게 될 두 가지 주요 요인은 다음과 같다.

- **선진국에서 기존 인프라의 노화**
- **개발도상국의 경제 성장**

이 두 가지 요인은 새롭게 업그레이드된 인프라에 대한 수요를 일으키는데, 이러한 인프라는 단지 그것을 구축하는 데만 그치는 것이 아니라 사람들의 생활방식까지 변화시킬 것이다. 즉, 인프라는 번영과 성장을 이끌어낼 것이며, 지구촌 곳곳에서 삶의 질을 향상시킬 것이다. 여기에는 사회복지, 의료, 시민들의 안전이 포함된다.

이러한 인프라를 구축하는 데 있어 핵심 과제는 엄청난 투자를 유치하는 것, 그리고 쓸모없거나 불필요한 인프라에 자원이 할당되지 않도록 하는 것이다. 인프라에 대한 재정 지출이 불가피한 이유는 선진국이든 개발도상국이든 장기적인 경제 성장은 인프라에 대한 투자로 인해 결정되기 때문이다. 결국 향후 경제 성장에 따른 인프라의 수요를 충족시켜야 한다.

하나의 예를 들어보자. 2030년의 인구와 그에 예상되는 경제 활동의 수요를 충족시키려면 현재의 교통 인프라보다 2배 혹은 3배의 인프라가 필요하다. OECD의 교통 인프라 미래 프로젝트Futures Project on Transcontinental Infrastructure에 의하면, 지금부터 2030년 사이에 다음과 같은 변화가 일어날 것이다.

- **전 세계 항공교통이 매년 4.7%씩 증가할 것이다.**

- 항공화물은 연간 약 5.9% 증가할 것이다.
- 해상 컨테이너 수송은 매년 6% 이상 증가할 것이다.
- 철도 이용 승객은 연간 2% 정도 증가할 것이다.
- 철도화물 수송은 세계적으로 연간 3% 정도 증가할 것이다.

이러한 결과, 2030년이 되면 항공기를 이용하는 여행객은 15년 만에 2배, 항공화물은 20년 만에 3배, 그리고 해상 컨테이너 수송은 4배 증가하게 된다.

이렇게 증가될 수요를 기존 인프라는 감당하지 못한다. 지금의 인프라는 사용량이 50%만 증가해도 제 기능을 발휘하지 못하는 형편이다. 따라서 현재 경제 성장이 더디게 진행된다고 해서 인프라를 구축하는 데 투자하지 않다가는 날벼락을 맞게 될 것이다.

앞으로 일어날 글로벌 경제 혁명의 성패는 미래의 인프라를 준비하는 데 달려 있다. 그렇다면 인프라를 구축하기 위해서는 무엇을 고려해야 할까? 앞으로 어떤 기술이 세상을 뒤흔들지를 판단해야 하고, 인구통계자료도 유심히 살펴야 할 것이다. 그리고 확고하게 기획되고 어떤 방해요소가 없는 자유 시장 환경도 조성해야 한다.

자유 시장이 중요한 이유는 대부분의 국가들이 현재 적자와 부채 수준이 상당하기 때문이다. 즉, 이러한 적자와 부채로 인해 정부가 주도하는 인프라 구축 프로젝트는 그 속도가 느릴 수밖에 없다. 따라서 정부 주도의 인프라 프로젝트는 민간 영역에 의해 '진일보한 자금 조달과 금융 조달'로 대체되거나 개선되어야 할 것이다.

예를 들어, 뭄바이나 캘커타에서는 정부가 인프라를 구축하는 데 시간을 오래 끄느라 사람들이 불편을 겪고 있으며 경제 성장의 잠재력이 둔화되고 있다. 이와는 반대의 경우도 있다. 한국의 '공사가 중단된 신도시'나 중국의 '갈 곳이 없어진 초고속 철도'의 경우처럼 국가가 지나치게 앞서 투자하는 경우에도 엄청난 리스크가 도사리고 있다.

이러한 이유로 '성장 경로'를 연구해야 한다. 이것은 필요로 하는 인프라를 예상하고, 민간기업과 정부가 힘을 합쳐 모두 인프라에 대한 최적의 수요를 예측하는 것이다. 그렇다면 앞으로 필요한 인프라로는 무엇이 있을까? 다음의 사실들을 생각해보라.

지금부터 2030년까지 에너지, 특히 전력 수요가 상당히 증가할 것이다. 이미 전력은 사람들이 사용하고 있는 전체 에너지보다 2배

지금부터 2030년까지 에너지, 특히 전력 수요가 상당히 증가할 것이다.

씩 그 수요가 증가하고 있다. 앞으로 20년 후, 이러한 수요는 개발도상국의 인구 증가뿐만 아니라 그들의 생활수준이 향상되어 더욱 격렬해질 것이다. 그 결과 전력 서비스 수요가 급증할 것이다.

OECD에 따르면 전 세계 전력 수요는 연평균 2.5% 증가할 것이며, 2030년까지 누적수요는 76%에 달할 것이다. 한편, 아시아에서 전력 수요는 연평균 4.7%가량 증가할 것으로 예상된다. 오늘날, 전 세계의 전력발전은 다음과 같이 분류된다.

- **석탄 : 40%**
- **천연가스 : 21%**
- **수력발전 및 기타 재생에너지 : 20%**
- **원자력발전 : 14%**
- **기타 : 5%**

미래의 전력발전 구조는 몇 가지 요소로 결정될 것이다.

- **기술의 새로운 진전**
- **연료 및 자본장비의 상대비용**
- **국제 에너지 시장의 변동**

상수도 시설은 동일한 연간 운용비용이 드는 전력 시설에 비해 2배나 많은 선행투자를 필요로 한다.

세계에너지전망World Energy Outlook 2011에서 제시한 '신정책전망New Policies Scenario'은 2035년이 되면 원자력발전 용량이 60% 증가할 것으로 예상하고 있다. 원자력발전 비중이 늘어나는 것은 다음과 같은 이유 때문이다.

- **기후 변화에 대한 두려움**
- **에너지 공급의 안전성에 대한 우려**
- **화석연료보다 많은 전력을 생산하는 우라늄, 토륨 및 열화우라늄의 경제적 이점**

수자원은 어떨까? 전력과 마찬가지로 물은 삶의 질과 경제 성장을 이끄는 주된 요소이다. 이미 유럽, 러시아, 북미 지역을 제외하고 많은 지역에서 수자원이 점점 감소되고 그 품질도 떨어지고 있어 큰 고통을 안겨주고 있다.

이러한 이유로 해결책을 찾기 위한 연구가 다방면으로 진행 중이다. 수자원의 효율성과 수질을 높이는 신기술과 정책 등이 빠르게 등장하고 있는 것이다. 그런데, 문제는 다른 인프라 프로젝트와 비교했을 때 수도 시스템은 더 많은 자본이 필요하다는 점이다. 예를 들면, 상수도 시설은 동일한 연간 운용비용이 드는 전력 시설에 비해 2배나 많은 선행투자를 필요로 한다.

교통 인프라는 또 어떤가? 앞으로 30년 뒤, 여객용 철도 서비스와 관련된 인프라의 세계적인 수요 역시 증가할 것이다. 이러한 수요는 다음과 같은 이유 때문에 생길 것이다.

- **고속도로 정체**
- **고속도로 안전**
- **국가안보**
- **환경문제**

도시의 인구밀도가 높고, 고속도로망이 빈약하며, 1인당 자가용 보유대수가 적은 개발도상국에서는 여객용 철도가 확실한 선택이다. 유럽연합 역시 앞으로도 계속 여객용 철도 서비스에 의존할 것이다.

지금까지 말한 프로젝트들은 그 규모의 거대함으로 인해 민관협동을 필요로 할 가능성이 높다. 따라서 인프라 구축은 사실상 사회 전 분야에 영향을 미칠 것이다.

전철과 버스 등 도시의 대중교통 인프라도 그렇다. 대중교통 인프라는 원래 도시 내 저소득층의 수요를 충족시키는 것이 목표였다. 한동안 이 분야는 자가용 사용자의 증가와 예산부족으로 쇠락의 길을 경험했다. 하지만 지금부터 2030년까지의 수요를 고려해, 많은 대도시가 대중교통에 투자를 늘리고 있다. 이는 선진국과 더불어 브라질, 중국, 인도와 같은 신흥국가에서도 일어나는 일이다. 대중교통은 자가용을 이용하면 교통정체로 이동 시간이 증가하고, 높은 유가에 대한 부담, 그리고 주차 및 통행료 상승 등의 이유 때문에 증가할 것이다.

앞으로 10년 후, 도로 인프라는 전국 고속도로망을 구축하는 중국과 인도 등의 개발도상국에서 그 수요가 가장 클 것이다.

이렇게 증가하는 수요를 충족시키기 위해, 자본 투자의 필요성이 더욱 커질 것이다. 어떤 국가에서든 주된 국유재산은 도로 기반시설이다. 도로시설은 사람들의 자유로운 이동을 가능하게 하며 '공동시장common market'으로 이끄는 데 도움이 된다. 콜롬비아나 파키스탄처럼 도로가 미흡한 곳에서는 농촌 지역의 빈곤, 정치적 불안정, 기근과 홍수 등의 문제를 해결하는 데 어려움을 겪고 있다.

앞으로 10년 후, 도로 인프라는 전국 고속도로망을 구축하는 중국과 인도 등의 개발도상국에서 그 수요가 가장 클 것이다. 중국은 현재 이 목표를 달성하기 위해 많은 자본을 투자하고 있으며, 인도가 그 뒤를 바짝 뒤쫓고 있다.

OECD는 앞으로 선진국에서 도로가 지나치게 많은 차량으로 뒤덮일 것이고 교통 정체가 계속해서 심해질 것으로 예상한다. 하지만 트럭에서 기차로 주된 화물운송 수단이 변화하고 재택근무가 증가하게 되면 이러한 정체현상은 어느 정도 개선될 것이다. 그럼에도 불구하고 도로건설 사업은 워낙 큰 규모의 자본을 필요로 하므로, 정부-민간 합자투자가 이루어져야 가능할 것이다. 도로건설을 순전히 민간기업에서 진행하기에는 투자수익률이 지나치게 적고 위험이 크기 때문이다.

마지막으로, 통신서비스의 수요는 온라인 중심으로 생활방식이 바뀌어 더 증가할 것이다. 2030년까지 통신 인프라 투자는 총 10조 달러에서 15억 달러가 될 것이다. 통신 인프라에 대한 자금조달과 성장은 다른 인프라와는 상당히 다를 것이다. 대부분의 다른 기반 시설과 달리 통신 인프라는 다음과 같을 것이다.

- **가격을 통해 수요가 관리될 것이다.**
- **제3자의 접근은 성장에 시스템을 주입할 것이다.**
- **경쟁을 야기하는 확고한 기반시설은 끝없이 확대되는 규제 문제에 잘 대처할 것이다.**

이러한 추세를 토대로 우리는 다음과 같이 전망할 수 있다.

10년 후 세계
Report

첫째, 2010년부터 2030년까지 인프라에 대한 투자는 총 70조 달러에서 100조 달러 선이 될 것이다. 오늘날 70억 명인 세계 인구는 2030년까지 80억 명으로 증가할 것이다. 70조 달러라는 추산은 세계 GDP가 현재 82조 8천억 달러에서 150조 달러로 증가할 것이라는 추정을 토대로 한다. 미국은 현재 전 세계 GDP 중 19% 가량을 차지하고 있는데 2030년에는 15% 선을 차지할 것이다. 이 수치는 미국의 경제 성장률이 연간 2%이며, 세계 경제 성장률은 3.4%라는 비관적인 가정을 토대로 하고 있다.

하지만 우리가 현재 5번째 기술-경제 혁명의 전개 단계에 들어서고 있다는 점을 고려하면, 세계 GDP는 2030년에 208조 달러로 증가할 수도 있다. 이 경우, 미국의 경제 성장률은 3.7%인 반면 중국은 8%가 될 것이다. 인프라가 실질 GDP의 상승과 정비례해서 증가해야 한다면, 최저치로 잡은 70조 달러의 누적 인프라 투자 추정치는 보다 현실적인 수치인 100조 달러로 수정되어야 할 것이다.

둘째, 이러한 인프라 투자는 혁신적인 펀딩 메커니즘을 필요로 할 것이다. 지금의 경제 위기는 인프라 투자에 필요한 공적 자금을 줄였으며, GDP와 비례해 30년 동안 하락세를 보이고 있다. 더욱이 기존 민간 금융 시스템으로는 인프라를 투자하는 데 심각한 제약이 따르며, 시중 은행들은 자본 및 유동성 제약에 처하게 될 것이다. 따라서 새로운 금융 방식이 동원되어야 할 것이다. 이러한 투자 부문에 있어 4가지 진전된 모델을 예측할 수 있다.

① 정부-민간 합자투자는 점차 재원 확보 및 비즈니스 모델의 다각화에 의지할 것이다.
② 연금기금 및 인프라에 투자하는 기타 대규모 기관 투자자들을 위한 인센티브가 증가할 것이다.
③ 자금을 확보하고 시장 세력이 투자우선순위를 주도하기 위한

방법으로 이용자 부담금이 증가할 것이다.

④ 랜드 밸류 캡처land value capture, 공공 투자에 의해 사적 토지의 가치를 증가시키는 공공 파이낸싱의 한 형태가 자금 조달원이 될 것이다.

셋째, 인프라 투자는 현재 불완전 고용상태에 처한 전 세계 12억 명이 절실히 필요로 하는 구직 기회를 제공할 것이다.

① 인프라 프로젝트에 필요한 근로자의 고용이 증가할 것이다.

② 인프라가 확충되면 신규 사업이 증가할 것이며, 보다 다양한 제품과 서비스를 요구하게 될 소비자들의 수중에서 현금 구매력이 발생할 것이다. 전 세계에서 새로운 소비자인 중산층이 급부상할 것이며, 생활수준이 향상될 것이다.

넷째, 통신 인프라 투자는 개발도상국에서 눈에 띄게 늘어날 것이며, 다른 투자와 달리 초기단계에 상당한 이익이 배분될 것이다. 또한 일단 대규모의 초기 투자가 이루어지면 훨씬 저렴한 비용으로 많은 역량을 제공하는 신기술을 활용해 계속해서 쇄신할 수 있다. 아직도 기본적인 인프라가 부족한 국가들은 앞으로 5년 내지 10년 뒤 상당한 투자가 이루어진 뒤에는 투자가 줄어들 것이다.

06 미국은 장기적으로 경쟁력을 유지할까?

미국의 쇠퇴를 예견하는 사람들이 많긴 하지만 아직까지 미국은 세계 최고의 경제대국이다. 지난 20세기는 미국이 패권을 거머쥔 시대였고, 그 여파가 아직 가시지 않아 지금까지 미국은 세계시장에서 경쟁 우위를 차지하고 있다. 하지만 이제 미국은 번영과 쇠퇴의 기로에 놓여 있다. 근본적인 변화를 일궈내지 못한다면 역사상 처음으로 미국은 쇠락의 길을 걸어갈 가능성이 크다. 미국은 과연 장기적으로 경쟁력을 유지할까?

국가 경쟁력이란 '한 국가의 기업들이 세계시장에서 성공을 거두고 국민들의 생활수준이 높아지는 것'으로 정의된다. 이러한 정의에 따르면, 미국은 이제껏 강력한 국가 경쟁력을 보여줬다. 그리고 이러한 상태를 유지하는 데 필요한 수많은 요소들이 마련되었고 유지되고 있다.

국가 경쟁력은 장기적인 생산성과 가장 밀접한 관련이 있는데, 생산성이 뛰어난 미국은 역사적으로 최고의 경쟁력을 갖춘 국가가 될 수 있었다. 이것이 가능했던 이유는 미국에는 생산성을 높이는 핵심 요소인 '혁신'이 있었기 때문이다. 이러한 혁신은 기업가 정신과 고등교육, 경영의 품질이라는 세 가지 동력이 독특하게 혼합된 것이다. 그리고 이 동력들은 '결과에 대한 보상'이 개방적이고 민주적으로 이루어져서 더 강화되었다.

그 결과, 미국은 여러 세대에 걸쳐 세계 최고의 인재들을 끌어모으는 자석이 되었고, 경제 성장을 부추겼다. 또, 생산적인 기업들이 생산성이 저조한 기업들을 몰아내면서 역동적이고 회복력이 빠른 경제가 갖춰지게 된 것이다.

하지만 세계화 시대에 들어서자 더 이상 제로섬 게임이 통하지 않게 되었다. 과거와 달리 한 국가의 발전은 다른 국가의 희생으로 이루어지지 않게 되었다. 한쪽이 승자가 되고 한쪽이 패자가 되는 것이 아니라 서로 윈윈하는 방식으로 패러다임이 바뀌었다. 실제로 수많은 국가들이 서로 협력하고 있으며, 이는 장기적으로 생산성을 증가시키고 생활수준을 향상시킨다. 한 국가의 생산성이 향상되면, 재화와 서비스에 대한 신규 수요가 창출되어 다른 국가의 기업들에게 새로운 기회를 제공하는 것이다.

일례로 인도에서 생산성이 향상되어 임금을 인상시키면, 뉴저지에서 생산하는 의약품과 실리콘밸리의 소프트웨어 제품의 수요 역시 증가한다. 그 반대의 경우도 마찬가지다. 미국과 같은 거대 시장이 경쟁력을 잃고 쇠락하기 시작하면, 그 여파로 다른 국가 또한 손해를 보는 경우가 많다. 2008년 미국발 금융위기로 아시아와 유럽의 국가들이 손해를 보았던 것을 생각해보라.

그렇다면 새롭게 변화하는 환경에서 미국은 여전히 경쟁력을 유지할 것인가? 사실 세계 최고의 우수한 경영 시스템, 금융 위기 당시에도 가장 활기찼던 자본시장, 기업과 긴밀하게 연계된 자금력이 풍부한 세계 최고 수준의 대학들, 새로운 아이디어를 계발하도록 독려하는 풍조 등은 미국의 강점이다. 하지만 미국은 오늘날의 경제에서 핵심 요소인 몇몇 부문에서 고전을 면치 못하고 있다. 연구개발 및 첨단 제조기술 분야에서는 특히 그렇다.

최근 하버드 비즈니스 스쿨Harvard Business School의 한 연구는 이러한 양상을 잘 보여주고 있다. 이 연구는 하버드 비즈니스 스쿨 졸업생들의 진로에 대해 알아본 질문 조사였다.

그 결과, 응답자 중 57%는 앞으로 미국 외의 다른 국가로 옮기고 싶다고 응답했다. 34%는 미국 내에서 활동할 것인지 미국 외의 국가에서 활동할 것인지를 고민 중이라고 응답했다. 9%는 미국에서 활동하고 싶다고 응답했다. 결과적으로 미국 아니면 다른 국가 중 한 국가만 택하라는 질문에 대해서는, 미국에서 활동하고 싶다고

하버드대학교 졸업생들. 미국이 여전히 뛰어난 경쟁력을 유지할 수 있는 것은 세계 최고 수준의 대학들이 있기 때문이다.

응답한 비율은 32%에 불과했다.

그렇다면 이들이 다른 국가를 선택한 이유는 무엇일까? 당연하게도 응답자의 70%는 다른 나라들이 미국보다 더 많은 연봉과 혜택을 제공한다고 언급했다. 하지만 미국에게 더 불리한 응답은, 아래와 같이 다른 이유 때문이었다.

- 31%는 뛰어난 동료들을 더 쉽게 접할 수 있어서 다른 나라를 선택했다.
- 30%는 다른 나라의 높은 노동 생산성에 매력을 느꼈다.
- 25%는 세금이 낮기 때문에 다른 나라를 선택했다.
- 22%는 사업 규제가 적거나 상품 가격이 낮다는 점 때문에 다른 나라를 선택했다.

국가가 발전하려면 좋은 인재들이 많아야 한다. 그런데 인재들이 미국이 아닌 다른 나라를 선택하고 있으니 미국은 심각한 위기를 겪고 있다. 그 예로, 경제성과 지표에서 이러한 추세가 나타나고 있다. 몇 가지를 살펴보자.

첫째는 노동 생산성의 하락이다. 이것은 금융위기를 겪기 전부터 하락세를 보이기 시작했다. 다른 선진국과 비교했을 때 미국의 노동 생산성 증가는 2000년대 초반에도 강세를 유지하고 있었지만 이후 하락하기 시작했다. 지난 4년 동안 실업률이 증가하고 경제 성장률이 저하되고 있는데, 이는 미국에게는 매우 불길한 징조이다.

둘째는 미국의 세계 시장점유율이다. 1999년부터 2009년까지 10년 동안 세계 수출품 가운데 미국의 상대적 점유율이 높았던 항공 및 방위, 정보기술 및 통신장비와 같은 수많은 분야에서 점유율 하락이 지속되고 있다.

셋째는 민간부문에서의 일자리 창출이다. 현재 미국은 이 부문에서 사상 최저 수준으로 하락했다.

넷째는 임금이다. 미국 노동자들의 임금은 10년 이상 정체 상태이다. 심지어 경기 침체를 겪기 전이었던 2007년, 미국 중산층의 실질소득은 1999년 수준으로 하락했다. 2007년 이후로는 더 많이 하락했다. 2007년까지 20년 동안 연간 0.5%라는 무기력한 증가세를 보였고, 중산층과 저소득층 노동자들이 그로 인해 가장 심한 타격을 입었다.

이대로라면 미국은 경쟁력을 잃고 멕시코나 아르헨티나의 경우와는 다르지만 세계시장에서 주도권을 잃는 수순을 밟을 것이다. 거시적 경쟁력의 측면에서 오늘날 미국의 가장 큰 결점 두 가지는 '높은 수준의 국가채무'와 '엄청난 자금을 투자했는데도 형편없는 결과를 보여주는 교육제도'이며, '직장 내 업무기술의 저하', '부족한 기반시설', '증가하는 규제'도 경쟁력을 저하시키고 있다.

오늘날 한 국가가 경쟁력을 가지려면 5가지 요소가 필요하다.

- **현대적 운송 및 통신 인프라**
- **양질의 연구기관**
- **간소화된 규제**
- **수준 높은 지역 소비자들**
- **효율적인 자본시장**

여기에 추가될 주요 요소로는 기업과 지원기관들의 강력한 클러스터 유사 업종에서 다른 기능을 수행하는 기업, 기관들이 한곳에 모여 있는 산업집적지 가 있다. 하버드 비즈니스 스쿨이 실시한 연구에서 응답자들이 지적한 것들도 크게 다르지 않다. 이들은 미국의 '복잡한 세법', '효과 없는 정치제도', '부실한 공교육제도', '빈약한 거시경제 정책', '복잡하기 짝이 없는 규제', '악화되는 인프라', '숙련된 노동자의 부족'을 미국 경쟁력 약화의 요인으로 꼽았다. 특히 성장의 발목을 잡는 각종 규제와 세금은 미국의 기업 환경에서 가장 크게 우려되는 요소로 언급되었다.

이러한 지적은 현장에서 활동 중인 기업 임원들의 응답에서도 똑같이 나타나고 있다. 미국에서 활동 중인 다국적 기업들의 임원들은 미국의 심각한 문제로 '고비용이 소모되는 비즈니스 환경, 느린 프로세스, 그리고 실효성이 부족한 정부정책'을 꼽았다. 오늘날 미국 정부의 정책이 기업들을 매료시키기는커녕, 경쟁력에 도움이 아닌 방해가 된다고 보는 것이다.

지난 몇 년간, 미국은 전통적으로 강세를 유재해온 첨단산업을 유치하고 유지하는 데도 실패했다. 그 이유는 정부의 잘못된 정책 때문이며, 정부는 기업 환경이 악화될 것에 대한 고민을 그다지 하지 않았다. 그 결과 미국에 대한 투자 매력이 감소했으며, 미국이 가지고 있던 상당한 경쟁력이 약화되었다.

하버드대학교의 마이클 포터 교수.

전 세계 곳곳에서 다른 국가들은 꾸준히 성장했고, 자국 시장을 바람직하게 형성해 해외투자를 유치하고 있다. 그 국가들은 전 세계의 글로벌 기업들의 생산기지와 서비스센터 등을 유치했다.

그나마 다행스러운 점은 최근 들어 미국을 떠나 해외로 이전하려는 기업들이 점점 줄어들고 있다는 점이다. 중국 등의 신흥국가들이 높은 경제성장을 이루자 자연히 인건비와 지가 등이 상승해 이전으로 인한 부대비용이 상승했기 때문이다. 최근 AMR 리서치 AMR Research 의 보고서는 '원가 절감을 예측했음에도 불구하고 미국을 떠나 생산공장을 이전한 기업 중 56%는 사실상 전체 비용의 증가를 경험했다'고 발표했다.

하버드대학교의 마이클 포터 Michael Porter 교수는 미국이 여러 부문에서 하락하는 것은 어쩔 수 없는 혹은 불가피한 흐름은 아니라고 말했다. 그의 말대로 이러한 추세를 멈추게 한 뒤, 오히려 역전까지 가능한 조치들은 여전히 유효하다.

여기서 가장 중요한 것은 생산성을 늘리는 것이다. 모든 요소들이 바로 여기에 집중되어야 한다. 그러기 위해서는, 정책 입안자들이 다음과 같은 결정을 내려야 한다.

첫째, 혁신적이고 고도로 숙련된 노동자들을 미국에서 몰아내는 이민 규제가 개선되어야 한다. 둘째, 어떤 대안적인 혜택도 제공하지 않으면서 혁신을 억누르는 규제는 철폐되어야 한다. 셋째, 다른 나라에서 미국의 지적재산권을 침해하지 못하도록 지적 재산 보호 제도가 강화되어야 한다.

2013년 3월 9일, 버락 오바마Barack Obama 대통령은 라디오로 진행된 주례 연설에서 "지난 2009년 첫 취임 당시보다 실업률이 더 낮아졌다. 이 같은 추세를 계속 유지해야 한다"고 말했다. 또, 그는 미국 의회에 2014년도 회계연도 예산안을 지출하면서 2013년에는 미국 경제가 2.3% 성장하고, 내년에는 3.2%로 성장세가 확대될 것"이라고 했다. 그만큼 경제성장에 대한 의지가 확고하다.

그는 지난 대선에서 자신을 지지했던 라틴계 유권자들을 위해 이민법 개혁을 추진하고 있다. 이는 미국 전체의 일자리 창출을 위한 경제정책이기도 하다. 그는 미래에너지 분야에도 관심을 보이고 있다. 최근 오바마 대통령은 시카고 외곽에 있는 대표 핵물리학연구소인 아르곤국립연구소를 찾아 몇몇 에너지기업 경영진과 회동했다. 그는 이 자리에서 천연가스 개발 확대와 신재생 에너지 개발 문제를 집중 논의하고 민관 파트너십 구축 문제를 협의했다. 이처럼 그는 이민 규제 개선 및 혁신 산업 육성에 관심을 보이고 있다.

이러한 흐름을 살펴볼 때, 미국의 향후 국가 경쟁력은 다음과 같이 예측할 수 있다.

10년 후 세계
Report

첫째, 많은 사람들이 비관적인 전망을 내놓고 있지만 2013년 1월부터 2013월 4월 초까지 미국 다우지수는 10.3%가 올랐다. 이는 경기가 회복세로 돌아섰다는 기대심리가 반영된 결과이다. 오바마 정부의 이민법 개혁과 혁신 산업 육성이 급물살을 타면 향후 10년간 미국의 세계 최고 경제대국의 지위는 유지될 것이다. 미국은 여전히 세계에서 최고의 생산성을 갖출 것이며, 수준 높은 제품과 서비스를 판매하는 최대 규모의 시장을 제공할 것이다.

둘째, 미국 정치인들이 특정 이익집단의 비위를 맞추기 위해 근시안적 정책을 내놓는다면 비관론자들의 예측은 맞아떨어질 것이다. 정치인들의 정책으로 인해 미국은 쇠락의 길을 걷게 될 것이다. 미미하게나마 미국 경제는 회복될 것이지만, 장기적으로 미국의 경쟁력은 계속해서 하락할 것이며, 상대적인 생활수준 역시 하락할 것이다.

셋째, 2050년이 되면 미국 인구는 지금보다 1억 명 이상 증가할 것이다. 이 현상은 다른 선진국의 인구가 줄어들거나 미미하게 증가한다는 사실을 고려해보면 상당히 의미심장하다. 국제 정치·경제 트렌드의 권위자인 조엘 코트킨 Joel Kotkin 은 저서 『The Next Hundred Million』에서, 미국의 출산율이 러시아, 독일, 일본의 출산율보다 50% 정도 높으며 중국, 이탈리아, 싱가포르, 한국, 그리고 동유럽보다도 상회한다고 언급하고 있다. 더욱 중요한 점은,

이민자 수가 늘어나 미래의 미국 인구가 증가할 것이라는 점이다.

결과적으로, 미국은 유럽계, 아프리카계, 아시아계, 그리고 라틴계 등 다양한 인종으로 이루어진 국가로 새롭게 구성될 것이다. 또한 의미심장한 부분은 이들 인구가 상대적으로 젊다는 점이다. 21세기 중반에 가까워지면서, 유럽과 동아시아의 인구 중 3분의 1 이상이 65세가 넘겠지만, 미국은 65세 이상의 인구가 불과 20%밖에 되지 않을 것이다. 비관론자들이 예상했던 세계 초강대국의 쇠퇴는 상당 기간 동안 일어나지 않을 수 있다.

넷째, 유럽중앙은행European Central Bank에 따르면, 앞으로 10년간 유럽의 성장은 미국의 절반 정도에 머물 것이다. 심지어 오늘날 뜨는 해가 된 중국조차 2025년 이후에 인구 노령화가 급격하게 진행되면 미국 경제를 따라잡지 못할 것 같다. 중국은 앞으로 수십 년 동안 미국의 1인당 국민소득을 따라잡지 못할 것이 분명하다. 또한 인도는 일류 엔지니어와 의사, 과학자들을 양성하는 훌륭한 일을 해왔음에도 불구하고, 현재 이들이 인구에서 차지하는 비율은 극히 일부이며 대부분의 국민은 가난한데다가 문맹이다. 미국은 인도에 비해 1인당 엔지니어를 훨씬 많이 배출해내며, 대체로 미국 엔지니어들의 생산성은 다른 국가의 엔지니어보다 훨씬 우위에 있다. 더군다나 미국은 광활하지만 지리적 접근성이 매우 용이한 영토를 소유하고 있는 세계에서 몇 안 되는 국가 중 하나이다.

호주, 캐나다, 러시아와 마찬가지로 미국 국토의 대부분에는 여전히 사람이 살지 않는다. 이들 국가와는 달리, 미국 대부분의 지역은 엄청난 경제적 가치를 지니고 있다. 실제로 미국은 세계에서 가장 풍부하고 엄청난 양의 천연자원을 보유하고 있다.

다섯째, 지금부터 2050년까지 미국에서는 새로운 수요를 충족시키기 위한 혁신의 물결이 발생하면서, GDP가 꾸준히 성장할 것이다. 돈이 몰리면 당연히 사람이 몰리게 된다. 다른 국가에서 교육수준이 높은 사람들이 미국에서 부를 축적하기 위해 몰려들면서 새로운 이민 물결을 일으킬 것이다. 사물인터넷, 그리고 모바일 비즈니스가 차세대 미국 경제 성장의 원동력이 될 것이다. 미국이 경쟁력을 되찾았다는 증거는 이러한 모바일 비즈니스 경제 활동의 중심지가 되고, 세계 각지의 기업과 인재들이 미국을 선택할 때 드러날 것이다.

07

중국의 소비혁명, 거대 소비 시장이 열린다

수출 산업의 호황으로 수십 년 동안 성장한 이후, 중국은 수출 중심 경제에서 소비 중심 경제로 변하고 있다. 이것은 중국이 앞으로도 상승세를 유지하기 위한 변화라 할 수 있다. 10억 명 이상의 인구와 거대시장을 가진 중국의 이러한 변화는 글로벌 경제에 어떤 영향을 미칠 것인가?

지난 2012년 2월, 중국은 1,460억 달러 상당의 재화를 수입했는데, 이는 전년도 동월 대비 40% 증가한 수치였다. 한편 수출은 겨우 18.4% 증가한 1,144억 달러였다. 엄청난 무역수지 흑자를 기록하면서 세계 2위의 경제대국이 되었던 중국이 사실상 지난 2월에 300억 달러가 넘는 무역적자를 기록한 것이다.

세계시장에서 중국 수출품에 대한 수요 증가가 주춤해지면서, 중국은 생산하는 재화를 소비하기 위해 자국 내에 시장을 형성하는 것 이외에는 달리 선택의 길이 없게 되었다. 자국 내에 거대한 소비자층을 형성하면, 중국은 경제성장이나 정치적 안정을 위해 전적으로 수출에 의존할 필요가 없어지기 때문이다.

사실 이러한 대변화는 불가피하지만, 문제는 중국이 세계 경제를 혼란에 빠지게 하는 경착륙경기가 급속히 냉각돼 소비가 줄고 실업이 늘어나는 현상을 하지 않으면서 어떻게 변화를 이룰 것인가이다. 중국이 수출 중심에서 소비 중심으로 변화하고자 하는 것을 이해하기 위해서는, 두 가지 중요한 사실을 파악해야 한다.

첫째, 중국의 국내 총생산 가운데 소비는 상대적으로 미미한 비율을 차지한다. 중국의 저축률은 상당히 높은데, 중국에서는 소비보다는 저축을 장려해왔기 때문이다. 중국 정부는 국민들이 저축한 돈을 투자해 중국의 GDP를 성장시켰다.

둘째, 그 결과 중국은 자국 내에 외화를 산더미처럼 쌓게 되었는데, 이러한 상황이 지속될 수는 없다. 베이징대학교 광화관리학원Guanghua School of Management에서 중국 금융시장에 대해 가르치는 마이클 페티스Michael Pettis 교수는, 중국이 롤모델로 삼았던 투자 위주로 성장해왔던 모든 국가가 경제 위기 또는 '잃어버린 10년'으로 야기된 채무 부담을 짊어졌다고 말한다. 그러므로 중국이 부채 증가를 억제할 수 있는 유일한 방법은 소비를 증가시키는 것이다.

세계 경제의 균형을 회복하고 대재앙을 막을 유일한 방법은 중국과 같은 과소 소비국이 소비를 늘리는 것이다.

또한 페티스 교수는 세계적으로 보면 저축과 투자 사이에서 균형을 이루어야 한다고 지적한다. 만약 중국과 같은 국가에서 투자보다 저축이 훨씬 많다면, 다른 국가들은 저축보다 투자가 훨씬 많아야 한다. 즉, 과소 소비를 하는 나라와 과대 소비를 하는 나라 사이에 균형을 유지해야 한다는 뜻이다.

최근까지만 해도, 중국에는 아무런 문제가 없었다. 과소 소비를 하긴 했지만 미국과 많은 유럽 국가들은 과대 소비를 하고 있었다. 하지만 상황이 바뀌었다. 경기 침체로 인해 서구 국가들은 소비를 줄여왔다.

세계 경제의 균형을 회복하고 대재앙을 막을 유일한 방법은 중국과 같은 과소 소비국이 소비를 늘리는 것이다. 이러한 이유로, 중국은 앞으로 5년 내지 10년 안에 GDP 점유율에서 소비를 증가시켜야 할 것이다.

페티스 교수는 중국의 정책 입안자들이 이러한 변화를 유도하기 위해 사용할 수 있는 5가지 전략을 제안했다.

① 중국은 서서히 실질금리, 위안화 가치, 그리고 임금을 인상해 점진적으로 변화를 유도할 수 있다. 또는 서서히 소득세나 판매세를 낮춰도 된다.

② 갑자기 실질금리, 위안화 가치, 임금을 대폭 인상해 신속하게 변화를 유도할 수도 있다. 또는 갑자기 소득세나 판매세를 낮춰도 된다.

③ 국영재산을 민영화한 다음 이를 처분해 취득한 재원을 사용해 가계자산을 증가시켜 국영 분야에서 민간 분야로 재산을 이전시킬 수 있다.

④ 민간 분야로부터 받은 부채는 민간 분야의 재산을 부양하기 위한 하나의 방법으로 생각할 수 있다.

⑤ 생산에 대한 투자를 삭감하고, 그 과정에서 일자리를 잃은 사람들을 위해 공공 부문 일자리를 창출할 수 있다.

시진핑 정권은 이러한 요구에 부합한 정책을 펼치고 있다. 우선 정부 소유 기업의 효율성을 높이기 위해 노력하고 있다. 또 공직자의 부패 문제를 더 이상 관대하게 다루지 않을 것이라는 의지를 표명했다. 시진핑 정부는 내수 소비를 25%에서 50%로 늘릴 수 있도록 중국 전역에 걸쳐 인프라 증대에 투자하고, 서비스 직종 일자리 수를 늘려 근로자의 임금을 인상시킬 것이다. 일례로, 중국 정부는 현재 내륙 지역에 서비스 직종의 일자리를 창출하는 기업에 여러 혜택을 제공하고 있다. 이러한 중국 정부의 움직임으로 볼 때, 중국산 제품뿐 아니라 선진국 제품도 구매할 역량을 갖춘 소비자층이 증가할 것이다.

그렇다면 중국과 무력량이 많은 미국, 한국 등의 국가들은 앞으로 중국 소비자들을 어떻게 사로잡아야 할까?

우선 현재 중국 소비자들은 사실상 3개 계층으로 나뉜다는 사실을 인식해야 한다. 맥킨지 앤 컴퍼니McKinsey & Company는 중국 소비자를 대상으로 최근 7년 동안 중국의 60개 도시에 사는 6만 명이

2020년이 되면 중국 도시 소비자들의 가계당 실질가처분소득은 4천 달러에서 8천 달러로 늘어날 것이다.

넘는 사람들과 인터뷰를 실시했다. 이 설문조사를 통해 지금부터 2020년까지 중국 소비자의 속성을 파악하게 되었다.

2010년부터 2020년까지, 중국 도시 소비자들의 가계당 실질가처분소득은 4천 달러에서 8천 달러로 2배 늘어날 것으로 예상된다. 이렇게 되면 중국인들은 한국인의 1990년대와 동등한 생활수준이 된다.

또, 맥킨지는 현재 중국 도시 소비자들을 3개 계층으로 나누어 파악했고, 그들 간의 수입 수준에는 차이가 있다는 사실도 알아냈다. 그 차이점은 2020년 말에도 계속 존재할 것이며, 상위 2개 계층의 수는 엄청나게 증가할 것이다. 3개 계층이란 다음과 같다.

- **오늘날 중국 도시 인구 중 대다수는 소위 '가치 소비자 Value Consumer'들로 이루어져 있는데, 이들의 연간 가계당 가처분소득은 6천 달러에서 1만 6천 달러이다. 이 정도면 기본적인 생활비를 감당하기에는 충분하지만, 사치품을 감당하기에는 충분치 않다. 이들은 주관적인 판단을 바탕으로 가치 있는 물건만 구입하는 사람이다. 이러한 가치 소비자는 자기에게 맞는 것, 자기가 필요로 하는 것, 가치가 있다고 판단되는 물건만 구매한다.**
- **중국 소비자들 가운데 두 번째 계층은 '주류 소비자 Mainstream Consumer'로 구성되어 있으며, 연간 가계당 가처분소득은 1만 6천 달러에서 3만 4천 달러이다. 이 가구들은 가치 소비자들보다 구매력**

이 더욱 크다. 이 그룹은 전체 인구 가운데 불과 6%를 차지하고, 약 1,400만 가구에 해당된다.

- **세 번째 계층은 더욱 적으며, 겨우 430만 가구이다. 이들은 '부유한 소비자'들이며, 가계당 가처분소득은 3만 4천 달러가 넘으며, 전체 인구 가운데 불과 2%이다.**

따라서 다국적 기업들에게 2가지 전략을 권하고 싶다.

첫째는, 기존의 비즈니스 모델을 활용해 주류 소비자 또는 부유한 소비자에 해당하는 1,800만 가구에게 양질의 제품을 판매하는 것이다. 일례로, 현대자동차는 중국 주류 소비자를 겨냥해 현지 전략 차종을 늘리고 판매 확대에 나섰다. '2013 상하이 모터쇼'에서 현대

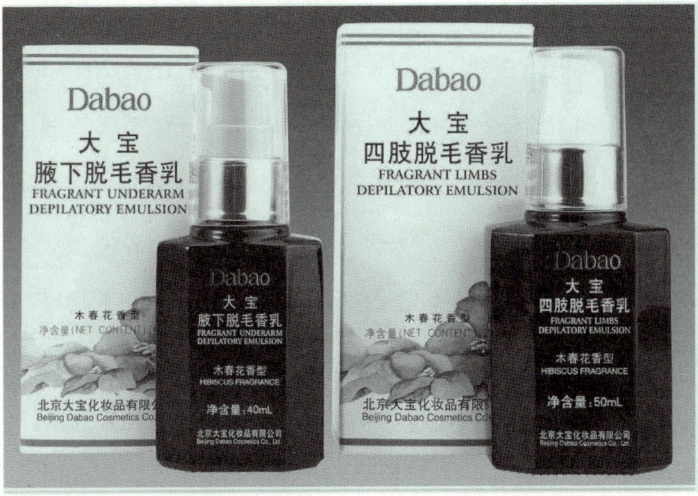

존슨 앤 존슨은 2008년에 베이징 다바오 코스메틱사를 인수했다.

차가 공개한 신차 '미스트라 중국명 밍투'는 남양연구소와 베이징현대 기술연구소의 최초 합작품이다. 중국 내 중형 프리미엄 시장을 공략하기 위해 내놓은 신차이다.

둘째는, 가치 소비자들에게 저가의 제품을 판매하는 것이다. 규모가 훨씬 큰 1억 8,400만 가구를 타깃으로 삼는 것이다. 일례로 폭스바겐 Volkswagen 은 중국 내 가치 소비자를 겨냥해 저가의 소형차인 '폭스바겐 UP'을 출시했다. 이러한 중국의 변화를 고려하면, 다음의 예측이 가능하다.

10년 후 세계
Report

첫째, 자산이 정부에서 가계로 이동하면서 가치 소비자들 중 상당수가 주류 소비자 계층으로 이동할 것이다. 맥킨지는 2020년이 되면 중국 도시 인구 가운데 51%는 주류 소비자가 될 것으로 예측하는데, 이는 현재 6%를 차지하는 주류 소비자의 규모와는 대조적이다. 이 시장에는 1억 6,700만 가구 또는 4억에 가까운 인구가 포함될 것이며, 이는 미국 인구보다 훨씬 규모가 크다. 중국의 급증하는 주류 소비자들은 가치 소비자 계층에 속해 있었을 때에는 구입할 수 없었던 자동차와 아이패드 등 다양한 제품을 구입할 것이다. 이는 오늘날 4억 2천만 명인 신흥국가의 중산층 소비자가 2030년이 되면 12억 명으로 증가할 것이라는 세계은행the World Bank의 예측과도 일치한다. 세계은행은 아시아에서 중산층이 소비하는 금액이 현재 5조 달러에서 2020년 말에는 30조 달러로 치솟을 것으로 예상한다. 주류 소비자 계층이 늘어나면 글로벌 기업들은 신흥국가의 소비자들을 대상으로 저가형 모델을 출시하기 위해 기존에 생산하던 제품의 일부 기능을 떼어내지 않아도 될 것이다.

둘째, 중국에서 가치 소비자들의 비율은 2010년 82%에서 2020년에는 36%로 급감할 것이다. 하지만 가치 소비자를 대상으로 한 제품을 판매해도 기회는 열릴 것이다. 2020년이 되면 중국의 가치 소비자는 1억 1,600만 가구, 또는 3억 700만 명의 개인으로 구성될 것이다. 저가 제품 판매 전략을 추구하는 기업들에게는 설령 피라미드의 토대가 줄어들고 있다 해도 피라미드의 맨 밑바닥에 많은 인구가 포진되어 있으므로 여전히 행운이 따를 것이다. 대다수의 기업들이 주류 소비자로 눈길을 돌릴 때, 가치 소비자를 대상으로 한 상품은 새로운 틈새시장을 창출할 수 있기 때문이다.

셋째, 2020년이 되면 부유한 소비자들의 비율은 도시 인구 중 2%에서 6%로 증가할 것이다. 상대적으로 소규모의 시장처럼 여겨질 수도 있겠지만, 중국처럼 거대한 국가에서 이들은 무려

2,100만 가구의 6천만 소비자에 해당한다. 이들은 사치품을 구매하고 싶어 한다. 이런 소비자들을 타깃으로 하는 기업들은 제품과 브랜드의 고급화에 중점을 둬야 할 것이다.

넷째, 예전과 달리 소비를 권장하는 중국 정부의 정책은 소비자의 구매력을 증가시킬 것이다. 이렇게 재화를 구입할 수 있는 소비자의 수가 꾸준히 증가하면서 맥킨지는 2010년부터 2020년까지 연간 13.4%가량 소비시장이 성장할 것으로 예상한다. 일례로, 고급 SUV 판매는 매년 20%씩 증가할 것으로 예상되며, 중국의 고급 자동차 시장은 빠르게 성장해 2015년 초에는 세계 최고의 시장이 될 것이다.

다섯째, 앞서가는 다국적 기업들은 해당 지역의 중국 기업을 인수해 중국 소비자들에 대한 식견을 넓힐 것이다. 일례로, 존슨 앤 존슨 Johnson & Johnson 은 2008년 베이징 다바오 코스메틱사 Beijing Dabao Cosmetics Company 를 인수해 충성도 높은 고객을 보유한 브랜드를 인수할 수 있었다. 따라서 중국 기업을 인수하고자 하는 입찰 경쟁은 치열해질 것이다.

08

유로존 국가들은 사회복지 지출을 줄일 것이다

1992년 마스트리히트 조약Maastricht Treaty이 유럽통화동맹European Currency Union을 이끌어냈을 때, 수많은 사람들이 이 조약으로 유럽이 21세기에 상당한 위치를 점유하게 될 것이라고 예측했다. 이 계획을 구상한 사람들은 공동 통화와 단일 중앙은행이 유로존을 발전시킬 것이라고 믿었다.

이 조약이 효력을 발휘하면서 영국을 제외한 유럽연합 '유로존'은 세계 최대의 경제국이 되었고, 미국은 2위로 밀려났으며, 중국과 일본은 그보다 한참 더 뒤떨어지게 되었다. 하지만 유로존은 '유럽합중국United States of Europe'을 형성하지 않았다. 각 나라들은 자신들의 상황에 맞게 산업정책과 복지정책, 국민성을 유지했다.

그런데, 유로존 국가들은 두 가지 위기를 목도하고 있다.

첫 번째 위기는 유럽 인구가 줄어들고 있다. 실제로 유럽 대륙에서는 해마다 인구가 70만 명씩 줄어들고 있고 2050년 무렵에는 매년 3백만 명 이상 줄어들 것으로 추정되고 있다. 이러한 현상의 폐해는 심각하다.

두 번째 위기도 인구와 밀접하게 관련되어 있다. 그나마 감소되고 있는 유럽 인구에서 노령 인구가 차지하는 비율이 점차 늘어나고 있다. 미국국무부U. S. State Department와 국립고령화연구소National Institute on Aging는 현재 전 세계적으로 65세 이상 노인이 5억 명에 육박하는데, 2030년이 되면 그 숫자는 두 배로 증가한 10억 명, 또는 8명 중 1명이 노인일 것으로 예상하고 있다.

이 두 가지 현상 때문에 세금을 납부하고 있는 생산성이 절정에

유럽 대륙에서는 해마다 인구가 70만 명씩 줄어들고 있고 2050년 무렵에는 매년 3백만 명 이상 줄어들 것으로 추정되고 있다.

이르는 연령대의 노동자들이 줄어들고 있으며, 부양을 받아야 할 연령대가 증가하고 있다. 그 결과, 경제에 가해지는 부담은 실로 막대하고 그 부담은 나날이 증가하고 있다. 특히 사회복지를 유지하는 데 유리한 자본과 인구를 필요로 하는 국가에서는 더욱 그렇다.

2000년에 이탈리아에서는 인구의 18%가 65세를 넘었다. 2010년에는 이 노년 인구가 21%로 늘어났고, 일부 전문가들은 2050년에는 34%에 육박할 것으로 예상한다. 유럽연합 27개국 가운데 대다수 국가들의 65세 이상 인구 비율은 이탈리아와 매우 흡사하다.

2006년 유럽위원회European Commission가 발표한 보고서는 더 암울한 예측을 내렸다. 이 보고서는 2050년이 되면 유럽의 노동인구와 노년층 인구의 비율이 2 대 1이 될 것으로 내다봤는데, 지금까지 국가부채 위기의 여파에서 벗어나 있었던 북유럽 국가들도 이러한 인구 변화로 인해 치명적인 고통을 받을 것이다.

현재 유럽 인구의 상당수는 정부의 사회복지 혜택에 의존하고 있고, 사회복지 예산을 삭감하려는 조짐만 보여도 분노를 표출한다. 하지만 인구 감소는 복지 지출을 과열 상태로 만들고 경제 성장을 둔화시키고 있다. 이러한 상황임에도, 각국의 정치인들은 장기적으로 문제를 바로잡을 수 있는 힘든 선택을 내리지 않고, 유권자들을 진정시키는 결정을 내리고 있다. 이로 인해 유로존 국가들은 산더미같이 늘어나는 부채와 개발도상국에서 유입되는 이민자들 때문에 고민하고 있다.

이러한 상황을 고려했을 때, 유럽의 사회복지 모델은 어떤 결과를 가져올까?

10년 후 세계
Report

첫째, 유로존 회원국인 그리스는 유로존에 잔류하기 위해 자국 통화에 대한 권리를 포기했다. 이는 포르투갈, 아일랜드, 이탈리아, 스페인 등 재정 위기를 겪고 있는 다른 PIIGS 국가에게 큰 충격을 주었다. 유럽중앙은행European Central Bank 총재 마리오 드라기Mario Draghi는 보다 강력한 재정적인 유대가 없다면 유로통화동맹이 본질적으로 '지속 불가능한' 상태가 될 거라고 경고했다. 유럽 사회에 고령화가 확산되고 있는 앞날을 고려한다면, 지금보다 강력한 유로통화동맹 체제를 구축한다 해도 위기는 피할 수 없을 것이다.

둘째, 지금으로부터 20년 뒤 유럽의 사회보장 제도는 지금과 상당히 달라질 것이다. 복리후생 제도는 여전히 존재하겠지만, 그다지 후하지는 않을 것이다. 더욱이 사회보장 제도의 상당 부분이 민영화로 운영될 것이다. 따라서 유로존 국가에서 보험업이 유망산업으로 성장할 수 있다.

09 중국과 인도의 도시화, 무엇이 같고 무엇이 다른가

20세기 이전에는 전 세계 대부분의 사람들이 시골에서 자급자족에 가까운 농업에 종사하고 있었다. 그렇다면 지금은 어떤가? 전 세계 인구의 절반 이상이 도시에 살고 있다. 런던, 파리, 로마 등 전 세계의 도시는 점점 덩치가 커지고 있다. 오늘날의 일자리 전쟁은 바로 이러한 도시에서 주로 발생하는 문제이다.

일자리 전쟁은 유구한 인류의 역사를 기준으로 보면 근래 발생한 새로운 현상이라 할 수 있다. 18세기 후반에 산업혁명이 시작되기 전까지, 캐나다와 미국이 위치한 북아메리카와 심지어 서구 유럽에서조차 급여를 받는 직업을 가진 인구는 매우 극소수였다. 대부분의 사람들은 불과 물, 바람의 도움을 받고 가축의 힘에 의지하는 농업 경제에 종사했다. 분업은 제한적이었고 그나마 그 시대에 운영되던 기업들도 작은 규모였다. 사람들은 흩어져 살았고, 약 15% 정도의 사람들만 마을이나 도시에서 살았다. 도시화는 수백 년에 걸쳐 천천히, 그리고 꾸준하게 진행되었다.

그런데, 개발도상국의 도시화는 불과 수십 년에 걸쳐 급속도로 진행되고 있다. 중국, 인도, 브라질이 그 분명한 사례이다. 텍사스 A&M대학교와 예일대학교, 스탠퍼드대학교, 애리조나주립대학교의 혼합연구팀은 이러한 현상을 연구했는데, 앞으로 20년 뒤 세계적으로 590,000제곱마일이 넘는 토지가 도시로 합병될 것이라는 결론을 내렸다. 그 규모는 텍사스 주의 2배 혹은 몽고 정도의 광대한 토지에 해당한다.

또, UN은 앞으로 20년 뒤 14억 7천만 명이 도시 지역에 새로 유입될 것이라고 예측했다. 이는 인도와 중국은 물론 인도네시아, 멕시코, 브라질, 파키스탄, 나이지리아 및 여러 국가에서 세계적인 대도시가 등장할 것을 예고하고 있다. 하지만 기반시설에 제대로 투자해온 일본이나 한국, 미국의 도시들과 달리 이 새로운 대도시는 심각한 성장통을 경험할 것이다. 그리고 수년 뒤에는 이 도시들에서 일자리 전쟁이 시작될 전망이다.

그 도시들의 일자리 전쟁의 결과는 인구 성장의 특징, 건설된 기반시설의 수준과 유형, 산업의 수준에 따라 달라질 것이다. 이미 개발도상국의 대도시는 거대한 '불법 거주자들의 판자촌'에 둘러싸여 있다. 신흥국가들의 성패 여부는 이렇듯 가난하고 교육받지 못한 사람들이 노동자가 되고 중산층 소비자로 발전할 수 있을지에 달려 있다.

중국과 인도의 성장 추세를 고려한다면 앞으로도 전 세계에 크나큰 영향력을 끼칠 것이다. 21세기의 중국과 인도의 엄청난 도시화 진행 속도는 역사적으로 그 유례를 찾아볼 수 없을 정도이다. 2025년이 되면 아래와 같아질 것이다.

- **세계적인 도시인구 성장의 40%는 인도와 중국에서 이루어질 것이다.**
- **25억 명에 육박하는 아시아인들이 도시에서 살게 될 것이다.**
- **이들 도시 거주자들은 전 세계 도시인구 가운데 대략 54% 정도를 차지할 것이다.**

역사적으로 인도는 중국보다 더욱 도시화된 국가였다. 1950년에는 인도 인구 가운데 17%가 도시에 거주한 반면, 중국의 도시인구는 13%였다. 하지만 1950년부터 2005년 사이에, 중국의 도시인구 비율은 인도를 추월했다. 현재 인도의 도시인구 비율은 29%인데 비해 중국은 41%이다. 이런 증가 추세가 지속되면 2025년의 세상은 아래와 같다.

- **인도는 추가로 2억 1,500만 명이 도시로 유입되면서 도시인구 비율**

이 38%로 증가할 것이다.

- 중국은 도시 거주자가 3억 5천만 명 증가하면서 도시인구 비율이 64%로 급등할 것이다.

중국인들의 엄청난 도시 유입으로 1백만 명 이상의 인구를 가진 도시가 221곳이나 생겨날 것이다. 현재 유럽연합 전 지역을 뒤져봐도 이러한 규모의 도시는 불과 35곳이다. 미국 인구보다 많은 엄청난 수의 사람들이 이동하려면, 170곳의 도시에 대중교통 시스템이 새롭게 건설되어야 한다. 또한 그들이 거주할 주택과 일하게 될 직장을 수용하기 위해, 400억 제곱미터에 500만 채의 신축 건물이 건축되어야 한다. 30층 이상의 신규 고층건물은 무려 5만 채나 건설되어야 할 것인데, 이것은 뉴욕에 버금가는 신도시가 무려 10곳이나

2025년이 되면 중국인들의 엄청난 도시 유입으로 1백만 명 이상의 인구를 가진 도시가 221곳이나 생겨날 것이다.

새로 세워지는 것과 같다.

하지만 진짜 문제는 주택이나 일자리가 부족한 것이 아니다. 바로 중산층 인구가 증가해야 한다는 점이다. 이 수치가 중요한 이유는 일자리 창출은 고객 창출과 정비례하기 때문이다. 맥킨지 글로벌 연구소McKinsey Global Institute는 현재 중국의 중산층 이상 가구를 5,500만 가구로 보고 있다. 2025년에는 이 규모가 2억 8천만 가구로 증가할 것이고, 이는 중국 도시 가구의 4분의 3 이상을 차지하는 수치이다.

그런데, 중국 내에는 수출로 얻은 수익으로 지은 주택들, 실제로는 사람이 살지 않는 수많은 '유령도시'가 존재하고 있다. 호황기를 맞이하면 이러한 건축물들이 부자와 중산층으로 채워질 것이라는 믿음에서 비롯된 것이다.

하지만 중국은 위험한 도박을 벌이고 있다. 그 증거는 도시고정투자율에서 찾아볼 수 있다. 지난 10년 동안 중국의 GDP 가운데 50%가 이 도시고정투자에 투입되었다. 2007년에는 더욱 심각했는데, 6조 4천억 위안이 이러한 투자에 사용되었다. 이것은 그해 중국의 전체 고정투자 중 79%에 육박하는 금액이었다. 2025년에는 이러한 투자가 중국 고정투자액 가운데 93%를 차지할 것으로 추정되고 있다.

인도는 중국이 매년 도시 기반시설에 1인당 116달러를 지출하면서 도시화 구축에 중점을 두는 동안, 1인당 총 17달러가량만 지출하고 있다. 즉, 인도는 도시화에 대한 과소 투자를 하는 반면, 중국에서는 투자가 수요를 앞지르고 있다.

중국의 대도시들에는 서구적인 고층건물이 들어서고 있다. 반면에 인도의 대도시들은 전통적인 도시처럼 발전하고 있으며, 1990년대의 실리콘밸리 같은 계획도시들이 들어서고 있지는 않다.

하지만 중국과 인도의 공통점도 있다. 도시인구가 증가하는 점에서 그렇다. 2030년이 되면 5억 9천만 명의 인도인이 도시 거주자가 될 것이며, 이는 미국 전체 인구의 2배 가까이 될 것이다. 인도는 지금보다 노동 인구가 2억 7천만 명 이상 많을 것이고, 인구가 1백만 명이 넘는 도시는 현재 42곳에서 68곳으로 늘어날 것이다. 또한 지금부터 2030년까지, 매년 시카고와 맞먹는 신도시가 건설되어야 할 것이다. 오늘날 인도 인구 역시 땅을 경작하던 농지에서 급료를 받고 소비하는 도시로 빠르게 이주하고 있다. 하지만 중국과 달리 인

인도에서 중산층 도시 가구는 현재 2,200만 가구에서 2030년에는 9,100만 가구로 증가할 것으로 예상된다. 이들은 인도 경제를 성장시키는 원동력이 될 것이다.

도는 충분한 기반시설을 갖추고 있지 않다.

고령화 측면에서 보면, 2025년이 되면 중국 인구 가운데 28%가 55세 이상이 되지만, 인도는 불과 16%만 55세 이상이 될 것이다. 중국이 현재 추진 중인 산아제한 정책은 지금부터 20년 후에 고령화로 나타날 것이다. 인도에서 중산층 도시 가구는 현재 2,200만 가구에서 2030년에는 9,100만 가구로 증가할 것으로 예상된다. 이들은 인도 경제를 성장시키는 원동력이 될 것이다.

텍사스 A&M대학교 지리학과 부락 거너랄프 Burak Guneralp 와 세계 도시화를 연구한 그의 연구팀은 다음과 같이 발표했다.

"도시에서 사람들은 아이디어, 경험은 물론 재료를 교환합니다. 이런 교환은 혁신에 박차를 가하고 비즈니스 기회를 만듭니다. 이런 교류로 인해 도시는 우리가 처해 있는 최근의 환경 및 경제 문제에 대한 해결책을 제시하는 장소가 될 가능성이 높습니다."

거너랄프의 말은 틀리지 않았다. 결국, 중국과 인도의 도시화는 선진국의 도시화와 비슷한 양상을 보이느냐가 관건이다.

10년 후 세계
Report

첫째, 중국은 신도시에 대규모 주택 건설을 했는데, 수요에 비해 많은 주택을 지은 것이 문제이다. 하지만 중국의 단점이자 장점은 국가의 주도하에 경제를 움직일 수 있다는 점이다. 부동산 가격이 지나치게 급상승하거나 급락할 경우 중국 정부가 개입해 문제를 해결하려 할 것이다. 2013년 이후 시진핑 정권이 계획한 소비경제가 자리를 잡고 부동산 규제가 점차 완화되면 부동산 수요도 늘어나 위기를 극복할 수 있을 것이다.

반면에 인도는 중국보다는 상황이 좀 나은 편이다. 글로벌 IT 강국으로 부상하고 있는 인도의 신도시에는 새로운 중산층들이 모여들기 때문이다. 도시의 인프라 시절이 잘 갖춰지고, 더 많은 중산층이 양산된다면 인도의 부동산 가격은 상승세를 유지할 것이다.

둘째, 중국과 인도가 앞으로 다가올 일자리 전쟁에서 승리하는 것은 인구수가 아니라 전적으로 노동자들의 기술 수준과 선진화된 도시화로 결정될 것이다. 제조 분야에서 저렴한 노동력을 이용해 승리하던 사례는 앞으로는 더 이상 찾을 수 없을 것이다. 인도와 중국은 다음과 같은 4가지 과제를 실천으로 옮겨야 할 것이다.

① 모든 도시화 계획은 통합적이어야 한다. 21세기의 도시화는 철저한 계획에 의해 모든 것들이 통합되는 효율성을 갖춰야 한다. 이로 인해 밀집된 형태로 도시를 개발할 수 있고, 숙련된 노동자들의 활용도 또한 높아진다.

② 공급뿐만 아니라 관리에 필요한 자원의 수요도 감안해야 한다. 에너지 생산성을 높이고, 다른 곳에 투자할 자원을 확보하기 위해 도시화를 계획해야 한다.

③ 기술 향상을 위한 지속적인 투자가 필요하다. 일자리 전쟁에서 유리한 고지를 선점하려면 그에 필요한 경제 활동을 증가시켜야 하기 때문이다.

④ 공공 분야의 지원 정책이 동반되어야 한다. 적절한 예산과 낮은 세금은 매우 중요한 요소이다.

제2부

정보통신

세상 모든 것이 융합된다

10. 그래핀과 몰리브데나이트, 반도체 시장을 뒤흔든다 11. 디지털화, 어떤 신규직종을 창출하는가? 12. 사물인터넷, 우리의 일에 어떤 영향을 끼칠까? 13. 국제공인 정보시스템 감사사, 유망직종으로 떠오른다 14. 기계학습과 인공지능이 세상을 바꾼다 15. 페이스북, 이대로라면 5년 안에 사라진다

2023
GLOBAL TREND

10 그래핀과 몰리브데나이트, 반도체 시장을 뒤흔든다

인텔Intel의 고든 무어Gordon Moore가 '무어의 법칙'으로 관심을 끌기 이전부터 반도체 집적회로의 성능은 18개월 내지 24개월마다 두 배로 향상되었다. 이 현상은 40년 이상 계속되었는데, 결국에는 이 법칙이 더 이상 적용되지 않을 만한 근본적인 물리적 한계에 도달할 것이라고 주장하는 사람들도 있다. 무어의 법칙, 앞으로도 유효할까?

20년 전에 비해, 컴퓨터 성능은 약 1만 배 정도 향상했다. 물론 이러한 향상은 18개월 내지 24개월마다 두 배씩 증가한 반도체 집적회로의 성능이 향상된 덕분이었다. 그로 인해 개인, 중소기업 및 대기업의 생산성과 효율성은 눈에 띄게 증가했고, 의학, 국방, 엔터테인먼트, 통신 분야에서 눈부신 혁신이 일어났다.

하지만 이제, 무어의 법칙으로 알려져 있는 프로세서 발전의 속도가 한계에 도달하고 있다. 이 한계는 더 많은 트랜지스터를 반도체칩에 담아내는 고도의 기술 문제와 관련 있다는 사실을 우리 모두는 알고 있다.

예를 들어, 칩 제조의 주요 단계에 활용되는 빛의 파장에는 근본적인 한계가 있다. 하지만 혁신적인 기술들과 프로세싱 방법들이 개발되고 있어 무어의 법칙은 앞으로도 유효할 것이다. 그 세 가지 이유는 다음과 같다.

1. 반도체칩 기술의 새로운 진전
2. 꿈의 나노물질인 그래핀graphene으로 만든 회로
3. 몰리브데나이트molybdenite로 만든 회로

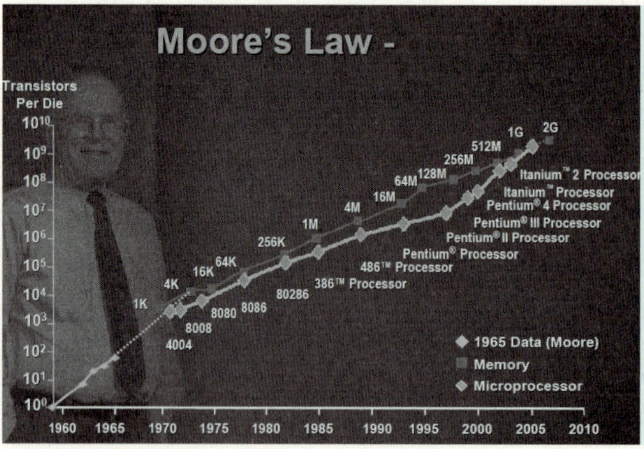

그래핀과 몰리브데나이트 등 신소재를 이용하면 무어의 법칙은 계속 유효할 것 같다.

무어의 법칙을 앞으로도 유효하게 만드는 몇 가지 반도체 기술은 나노의 단위가 등장하면서 발견된 것이다. 그 가운데 하나는 MIT와 유타대학교University of Utah 연구진이 발명한 포토리소그라피Photolithography 분야의 새로운 기술이다. 이 기술로 인해 복잡한 모양의 칩과 매우 가는 선을 생산할 수 있게 되었으며, 반도체 기술이 놀랄 만큼 발전하게 되었다.

포토리소그라피는 사진기술을 응용해 인쇄용 제판을 만드는 방법으로, 감광필름을 사용하던 아날로그 사진기를 떠올리면 된다. 즉, 감광필름에서 빛에 노출된 부분만 형상으로 변하고, 이것을 현상액에 넣어 사진으로 재생하는 방법이다. 포토리소그라피는 주로 반도체나 LCD를 제조하는 데 반드시 쓰이는 기술이다. 포토리소그라피 공정은 광원을 이용해 칩의 회로 경로와 전기적 요소를 웨이

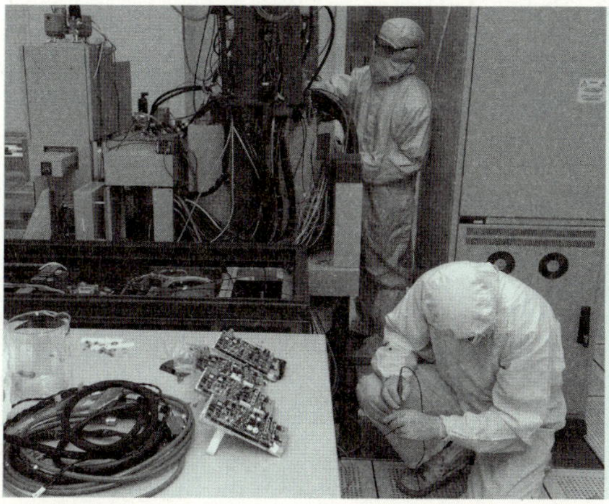

MIT와 유타대학교 연구진이 포토그라피 분야의 신기술을 연구하고 있다.

퍼의 표면에 옮기는 과정이다. 이 새로운 기술은 기존의 기술보다 훨씬 더 비용을 절감시키고 있다.

무어의 법칙을 유지하기 위한 또 다른 방법은 대용량 병렬컴퓨팅parellel computing 기법이다. 이것은 실리콘칩 프로세서의 한계를 극복하기 위한 방편으로 장려되고 있는 또 다른 방식이다. 이 기법으로 다양한 연산 활동을 동시에 처리할 수 있게 되었다. 현재 병렬컴퓨팅은 한정된 과학 및 공학 분야에만 사용되고 있다. 실제로 병렬컴퓨팅은 수백 또는 수천 개의 프로세서를 갖춘 비디오 카드와 슈퍼컴퓨터에 흔히 사용된다.

이 기술을 보다 폭넓은 응용 분야로 확대하려면 새로운 알고리즘, 프로그램 모델, 운영 시스템, 그리고 컴퓨터 아키텍처architecture, 컴퓨터를 기능면에서 본 구성 방식가 필요하다. 많은 전문가들은 이 문제를 해결해야 병렬컴퓨팅이 실리콘을 버리지 않으면서도 보다 장기적으로 컴퓨터 성능을 향상시킬 수 있다고 말한다.

하지만 병렬컴퓨팅의 장래는 그다지 밝지 않다. 수많은 프로세서들이 하나의 단일 칩에 위치하기 때문에 에너지 관리 측면에서 문제가 있다. 또한 칩들 간의 통신과 관련된 지연 현상 문제도 있다. 칩들 간의 통신 지연 문제를 해결하고자, 엔지니어들은 슈퍼컴퓨터에 내장된 각각의 슈퍼 칩 간의 통신 장애를 해결하려 하고 있다. 처리장치 간 통신에 있어, 빛은 전도체에서 이동하는 전자보다 더 빨리 움직일 수 있다. 하지만 속도와 대역폭이 문제인데, 특히 대량의 데이터가 컴퓨터에서 광섬유를 통해 전송될 때 더욱 그렇다.

정보는 컴퓨터가 읽을 수 있는 전자 신호로 바뀐 다음 재전송을 위해 다시 바뀌어야 한다. 이 과정은 느리고, 데이터가 사이버 공격에 취약하도록 만들 뿐만 아니라, 값비싼 장비를 필요로 한다.

퍼듀대학교 Purdue University 연구진은 최근 수동형 광다이오드 passive optical diode를 개발했는데, 이것은 머리카락 굵기의 10분의 1 정도인 2개의 작은 실리콘 링으로 구성되어 있다. 다이오드는 산업 표준인 CMOS 컴퓨터 칩에 쉽게 통합되며 전송 신호를 위해 어떤 외부 지원도 필요로 하지 않는데다 신호를 변환할 필요가 없기 때문에 더 빠르고, 효과적이며, 안전하고, 수천 개의 연결된 프로세서들이 내장된 슈퍼컴퓨터를 위한 토대를 마련해준다. 더군다나 장기적으로 보면, 이것은 대용량 병렬 메인스트림 서버로 여과될 수 있다.

그런데, 실리콘 프로세서의 크기가 줄어들면 프로세서 내의 트랜지스터와 다른 부품 간의 정보가 교류하도록 하는 인터커넥트로 불리는 구리선도 작아져야 한다. 인터커넥트의 크기가 작아지면 몇몇 문제를 야기할 수 있는데, 효율성이 떨어지고, 더 많은 전력이 소모되며, 더 많은 열이 발생한다.

이러한 문제들을 해결하기 위해, 연구진은 구리를 다른 대체물질로 변경하는 연구를 수행하고 있다. 유망한 하나의 물질이 바로 그래핀이다. 이 물질은 탄소 원자로 이루어져 있으며, 시트에 펼치면 마치 나노 크기의 육각형 철조망 울타리 모양과 매우 흡사하다. 흔히 연필에서 볼 수 있는 흑연의 한 층이다.

렌셀러폴리테크닉대학교Rensselaer Polytechnic Institute 연구진은 각 끝에 몇 개의 얇은 그래핀 리본을 쌓으면 전도율이 향상되어 인터커넥터 역할을 할 수 있는 구조가 생겨난다는 사실을 깨달았다. 중요한 점은, 인터커넥터가 수축할 때 그래핀은 구리와 동일한 부특성온도가 상승하면 저항값이 감소하는 현상을 보이지 않는다는 것이다. 구리 나노 와이어가 수축하면 전자는 더디게 움직이며, 이때 많은 열을 발생시켜 구리 원자가 전자에 끌리게 된다. 따라서 전기 저항이 증가하면 전자의 움직임이 둔화되어, 컴퓨터의 속도와 성능이 떨어지게 된다.

최근, 연구자들은 그래핀을 한 층의 리본으로 자르면 여러 문제들을 일으키지만, 그래핀 인터커넥트를 4개 내지 6개의 층 두께로 쌓으면 이 문제들을 해결할 수 있다는 사실을 발견했다. 그 결과, 그래핀을 활용해 구리 인터커넥터를 대신할 수 있게 되었다.

마찬가지로, 지금까지 그래핀이 실리콘 반도체를 대신하는 데 장애가 되는 요소들이 해결되고 있다. 그중 하나는 밴드 갭band gap이라는 특성인데, 이는 전자의 자유로운 흐름을 저해하는 에너지 갭이다. 실리콘이나 게르마늄과 같은 반도체와 달리 그래핀 시트에는 그 어떤 자연적인 밴드 갭이 없다. 렌셀러폴리테크닉대학교 연구진은 습도에 노출해 그래핀 밴드 갭을 만들 수 있었다. 흡수된 수분의 양을 조절해 정확하게 밴드 갭을 조절할 수 있는 것이다.

그래핀을 반도체 물질로 바꾸는 기술은 신형 트랜지스터, 다이오드, 나노 전자, 그리고 나노포토닉스Nanophotonics 등에 활용할 수 있는 상당히 실용적인 기술이다.

이와 동시에, IBM은 그래핀을 회로에 활용하기 위해 또 다른 방식을 활용했다. IBM은 원자 두께의 그래핀 레이어로 코팅된 200㎜ 와이퍼에서 집적회로를 만들어냈다. 전자 게이트electronic gates를 만들기 위해, 그래핀 시트가 사용되기 전에 딥 트렌치deep trench들이 텅스텐으로 채워졌다. 비록 이러한 새로운 회로는 상용화 단계까지는 연구되지 않았다. 하지만 IBM의 연구는 그래핀 회로의 가시적인 결과를 보여주는 최초의 업적이다.

물론 오늘날의 반도체칩을 대신할 물질로 그래핀만 주목받고 있는 것은 아니다. 몰리브데나이트는 상대적으로 풍부하고 자연적으로 발생하는 대체물질이다. 몰리브데나이트는 메탈 몰리브데과 황이 반응하면 쉽게 제조되는 물질로, 정보 프로세싱에 있어 그래핀을 능가할 잠재성을 가지고 있다.

몰리브데나이트가 오늘날의 실리콘 반도체를 능가하는 가장 큰 이점은 다양한 크기의 트랜지스터로 줄일 수 있다는 점이다. 실리콘은 2나노미터 두께보다 얇은 층으로 만들 수는 없다. 그보다 얇은 층은 표면이 산화되어 전자적인 특성을 잃게 되는 화학적 반응을 일으킬 수 있다.

하지만 몰리브데나이트는 실리콘 층보다 훨씬 얇은 원자 3개 두께의 층으로 만들 수 있다. 이 정도의 크기라면 안정적이고 전도율

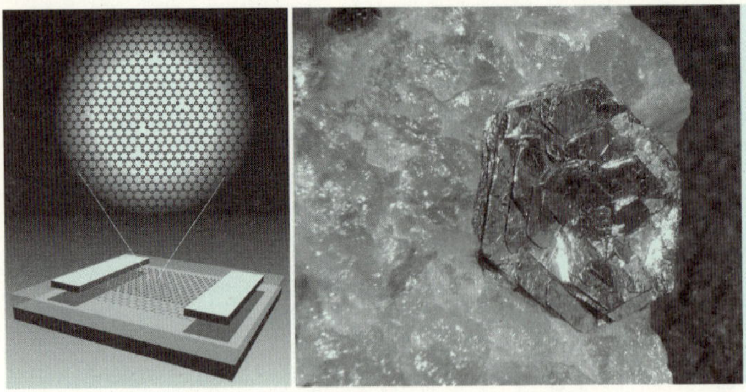

그래핀, 몰리브데나이트.

도 조절하기 쉽다. 이것은 그래핀보다 더 나은 이점을 제공한다. 몰리브데나이트는 자연스럽게 밴드 갭을 드러내 전자 제품에 적절히 사용할 수 있지만, 그래핀은 밴드 갭을 얻기 위한 과정을 거쳐야 하기 때문이다. 더욱이 몰리브데나이트는 물리적인 유연성도 뛰어나다. 종이처럼 둘둘 말리는 컴퓨터와 피부에 붙일 수 있는 전자기기 등을 쉽게 만들 수 있다.

몰리브데나이트를 사용한 집적회로는 이미 생산되고 있다. LNES Laboratory of Nanoscale Electronics and Structures는 '소규모, 보다 적은 에너지 소모, 뛰어난 유연성' 등 실리콘보다 우수한 몰리브데나이트의 장점을 입증했다.

몰리브데나이트 회로가 대규모로 생산되려면 아직 갈 길이 멀지만, 무어의 법칙이 10년 뒤에도 유지될 수 있을 것 같다.

10년 후 세계
Report

첫째, 프로세서의 가격 대비 성능은 적어도 10년 동안 무어의 법칙에 따라 순조롭게 발전할 것이다. 비즈니스 및 개인 생활의 모든 면에서 정보기술이 폭발적으로 성장하고, 앞서가는 반도체 기업은 이러한 변화의 기류에 편승하기 위해 신기술을 연구할 것이다. 궁극적으로 실리콘에 의지하는 오늘날의 반도체 시장은 2020년대가 되면, 그래핀, 몰리브데나이트 등 새로운 것들로 대체될 것이다. 미국 정부와 기업은 이미 이러한 변화에 주목하고 있다. 미국 SRC Semiconductor Research Corporation 는 민관 반도체 연구 컨소시엄으로, 정부와 기업이 연간 1억 달러를 투자하고, 대학 연구소가 연구 활동을 수행한다.

이러한 협력 모델을 한국 정부는 벤치마킹하고 있다. 삼성전자와 SK하이닉스 등 한국의 6개 반도체 기업은 2013년에 새롭게 출범한 한국 정부와 함께 향후 5년간 250억 원 이상의 자금을 반도체 분야의 신소재 연구개발R&D에 공동투자하기로 합의했다. 한국의 반도체 산업은 이미 세계 최고의 위치에 있고, 박근혜 정권은 IT기술이 10년 뒤에도 여전히 주요산업이 될 것이라고 생각하는 만큼 앞으로도 반도체 분야에 투자를 늘릴 것이다. 따라서 컴퓨터 하드웨어의 주요 부분을 차지하는 반도체 산업은 몰락하지 않을 것이다.

둘째, 지금부터 10년 후까지 무어의 법칙은 반도체 소재뿐만 아니라 데이터 저장 밀도, RAM 성능, 그리고 네트워크 대역폭 분야의 발전에 의해서도 이루어질 것이다. 반도체 신소재 분야뿐만 아니라 이러한 분야의 연구직에 종사하면 고액 연봉을 받게 될 것이다.

오늘날의 컴퓨터가 해결하지 못한 문제들은 클라우드 기반 양자컴퓨터quantum computer가 해결할 것이다. 양자컴퓨터는 얽힘entanglement이나 중첩superposition 같은 양자역학적인 현상을 이용해 자료를 처리하는 컴퓨터이다. 기존의 컴퓨터는 0과 1의 숫자 조합에 의존한 2진법 컴퓨터인데, 이러한 방식은 수많은 회로로 인해 발열의 큰 문제를 가지고 있다. 그리하여 오늘날 집적회로는 더 이상 밀집이 불가능한, 말 그대로 한계에 다다른 상황이다. 반면에, 양자컴퓨터는 0에서 1이 되기 위해 기존 컴퓨터처럼 비트가 늘어날 필요가 없다. 이러한 특성을 가지고 있기 때문에 수행해야 할 업무의 양이 많아질수록 양자컴퓨터는 기존 컴퓨터에 비해 엄청난 연산 능력을 보여주게 된다. 이러한 양자컴퓨터의 성능을 뒷받침할 만한 반도체를 개발하는 개인과 기업에게 행운이 따를 것이다.

11 디지털화, 어떤 신규직종을 창출하는가?

다섯 번째 기술-경제 혁명의 전개 단계를 맞아, 모든 것이 변화하는 상황을 우리는 목도하고 있다. 디지털화로 촉발된 이러한 번영은 새로운 시대를 예고하고 있다.

정보혁명 Information Revolution 은 1971년에 미국에서 마이크로프로세서가 발명됨으로써 촉발되었다. 지금까지 미국은 정보혁명 시대의 선두주자 위치를 지켜왔다. 정보혁명 이전까지 디지털 컴퓨터는 과학연구용이나 군사용으로만 사용되어왔다.

마이크로프로세서가 이끌어온 정보혁명은 1971년부터 1991년까지 개인용 컴퓨터를 널리 보급시켰다. 그 다음으로 1992년부터 2011년까지는 인터넷, MP3 플레이어, 휴대폰 등이 보급되어 우리의

2012년부터 2032년까지 이어질 세 번째 디지털화는 사물인터넷, 빅데이터, 인공지능의 형태로 농업에서 운송업, 엔터테인먼트, 의료산업에 이르기까지 일터뿐만 아니라 우리를 둘러싼 삶의 모든 영역에서 획기적인 변화를 가져올 것이다.

생활과 밀착되는 디지털화가 진행되었다.

그리고 이제 우리는 세 번째 20년을 맞이하고 있다. 2012년부터 2032년까지 이어질 것으로 보이는 세 번째 디지털화는 사물인터넷 Internet of Things, 빅데이터 Big Data, 인공지능의 형태로 농업에서 운송업, 엔터테인먼트, 의료산업에 이르기까지 일터뿐만 아니라 우리를 둘러싼 삶의 모든 영역에서 획기적인 변화를 가져올 것이다.

부즈 앤 컴퍼니 Booz & Company 의 최근 연구에 따르면 세계 거의 모든 국가들에서 디지털 기술을 도입하려는 분위기가 상당히 무르익고 있다. 이 연구는 디지털화로 전환하기 위한 3가지 주요 동력을 다음과 같이 규정했다.

첫 번째 요소는 기술 생산자의 영향력이 커지는 것이다. 새로운 기술을 창조하는 생산자가 만들어낸 디지털 재화와 서비스는 비즈니스의 방식과 인적 교류 방식을 새롭게 변화시킨다. 얼마 전 작고한 애플Apple의 스티브 잡스Steve Jobs의 영향력을 떠올리면 이해할 수 있을 것이다.

두 번째 요소는 C세대가 늘어나는 것이다. 전 세계적으로 IT상품은 2010년에 6%가량 판매가 상승했고 2011년에도 6% 상승했다. 소비자 지향적인 기기와 클라우드cloud 기술에 기반한 온라인 IT서비스는 더 큰 성장세를 보여줬다. 최근의 주된 사용자는 1990년 이후에 태어난 소위 접속connected 세대라 불리는 C세대이다. C세대들은 페이스북과 트위터, 카카오톡 등을 통해 동료 및 친구들과 항상 접속해 있어서, 데이터량을 기하급수적으로 증가시킨다. C세대가 기성세대가 되면 디지털화된 생활습관이 세상 곳곳에 깊이 스며들 것이다.

세 번째 요소는 정부의 역할이 달라지는 것이다. 20세기의 시민들이 바라는 정부의 역할은 복지국가를 만드는 것이었다. 하지만 21세기의 시민들은 더 많은 기회를 주는 시장국가market state를 건설하기를 바란다. 날로 치열해지는 글로벌 경제체제에서 정부는 '시장 창출자'가 되어 국민에게 더 많은 경제적 기회를 제공해야 할 것이다. 인류가 직면한 다섯 번째 기술-경제 혁명의 전개 단계에서는 어느 국가가 국민들을 위해 디지털화를 발전시켜 독보적인 기회를 제공하는 시장을 만들어나가느냐에 따라 승패가 결정될 것이다.

최근 「스트래티지+비즈니스Strategy+Business」 지에는 디지털화와 경제적 번영의 상관관계를 탐구하는 글이 실렸다. 이 글은 한 국가의 디지털화의 수준을 측정하기 위해 디지털 서비스나 프로그램의 6가지 기준을 다음과 같이 정했다.

- **유비쿼터스화** ubiquity
- **가격적절성** affordability
- **신뢰도** reliability
- **속도** speed
- **사용편리성** usability
- **기술숙련성** skill

디지털화는 실업을 줄이고 삶의 질을 개선하며 공공서비스에 국민들이 쉽게 접근할 수 있도록 도와준다. 특히 눈에 띄는 점은, 가장 진보된 수준의 디지털화를 이루고 있는 나라들은 초기 수준에 있는 나라들보다 20% 이상의 경제적 이득을 얻고 있다는 점이다.

「스트래티지+비즈니스」 지는 이 여섯 가지 기준에 대한 점수를 각각 합산해 여러 국가들의 순위를 집계했다. 그리고 낮은 단계에서 높은 단계로 이어지는 국가 디지털화의 4단계 진행 과정을 제시했다.

- **1단계–규제 국가 : 이 국가들은 적절한 가격의 인터넷망을 개발하지**

않은 국가들이다. 그 이유는 주로 정치 및 문화 혹은 지리학적 제약 때문이다.

- 2단계–신흥기 국가 : 적절한 가격의 광범위한 인터넷망을 설치하는 데 상당한 진전을 보였지만 아직 그 서비스 수준이 낮은 국가들이다.
- 3단계–전환기 국가 : 유비쿼터스화되어 있고, 인터넷 이용 가격이 적절한 수준이고, 상당히 안정적인 서비스가 제공되고 있으며, 사용 범위가 비교적 빠른 속도로 늘고 있는 국가들이다.
- 4단계–선두 국가 : 디지털화의 가장 성숙한 단계에 이른 국가들로, 디지털화로 얻을 수 있는 모든 이점을 이끌어낼 기반을 갖췄다.

전 세계적으로 디지털화의 속도는 점점 빨라지고 있다. 미국, 영국, 독일 같은 선진국은 신흥기 국가 단계에서 전환기 국가 단계에

디지털화는 우리 주위의 모든 것을 빠르게 변화시키고 있다.

이르기까지 평균 4년이 걸렸지만, 아랍에미리트, 쿠웨이트, 에스토니아 같은 국가들은 2년이 채 안 걸렸다.

선두 국가들이 이미 경험한 성공과 실패를 신흥기 국가들이 반면교사로 삼는 것은 너무나도 자연스러운 일이다. 게다가 개발도상국들은 선진국의 기술과 시장으로부터 이점을 얻을 수 있으며, 개발도상국의 낮은 임금 또한 장점으로 작용한다. 이러한 이유로 몇몇 신흥기 국가들이 전환기를 훌쩍 건너뛰어 바로 선두 국가 그룹에 합류하기도 한다.

디지털화와 경제적 번영의 상관관계는 수치화될 수도 있다. 부즈 앤 컴퍼니는 세계 150개 국가들을 대상으로 한 연구에서 디지털화가 10% 증가할수록 평균 약 0.5%가량 GDP가 증가한다고 밝혔다. 선진국에서 디지털화의 영향력이 디지털화 초기 단계의 국가들보다 훨씬 크다고 했다. 왜냐하면 경제와 디지털화의 상관관계가 선진국이 훨씬 더 공고하기 때문이다. 따라서 디지털화를 추진하고 있는 국가들은 그 진행 속도를 늘릴 수밖에 없다.

디지털화는 전 세계 최대 관심사인 일자리를 창출하기도 한다. 부즈 앤 컴퍼니는 디지털화가 10% 진전되면 실업률을 0.84% 떨어뜨린다는 것을 발견했다. 또한 삶의 질도 개선된다. 선두 국가들에서는 디지털화 점수가 10점이 올라갈 때마다 OECD 행복지수Better Life Index가 평균 1.3점씩 증가했다. 국가 행정서비스의 질도 개선된다. 개발도상국들에서 디지털화 점수가 10점 오르면 평균 0.17점의

불평등개선교육지수 Inequality-Adjusted Education Index가 올랐다.

위의 모든 점을 종합해보면, 디지털화가 경제 및 사회, 정치 등을 긍정적인 방향으로 이끌어 나가고 있음을 알 수 있다. 이러한 추세를 고려할 때, 우리는 2가지를 예측할 수 있다.

10년 후 세계
Report

첫째, 적어도 2025년까지 단 하나의 중요한 요인으로 인해 국가의 운명은 극명하게 갈릴 것이다. 정치인들은 IT기술을 얼마나 잘 정착시킬까에 관심을 가져야 한다. 그저 고속 인터넷망을 설치하는 것만으로는 충분하지 않다. 정책 결정자들은 다음의 5가지 주요 과제를 수행함으로써 국가의 디지털화를 가속시켜야 한다.

1. 국가의 정책 과제 중 디지털화를 가장 우선순위에 두어야 한다. 디지털화의 광범위한 이점을 모두 얻기 위해서는 정부 고위층의 지원은 필수불가결하다. 동시에 정부는 디지털화 사업을 세금의 소득원으로 볼 것이 아니라 국가 발전을 위한 원동력으로 여겨야 한다.

2. 더 나은 거버넌스 Governance, 국가, 시장, 시민사회의 기능과 역할 그리고 이들의 관계변화를 통해 새로운 제도와 가치 체계를 창출하기 위한 기제이다. 거버넌스는 적

용규모에 따라 기존의 국민국가체제를 뛰어넘는 초국가적 이슈나 문제를 단일주권에 기반한 통치권위 없이 통치하는 '지구적 거버넌스'와 국경을 가로지르는 인접 지역 간의 협력체제를 모색하는 '지역적 거버넌스'로 나뉜다 를 개발해 디지털화의 효율성을 극대화해야 한다.

3. '에코시스템 철학ecosystem philosophy'을 실천해 정보통신, 미디어, 인프라, 소프트웨어 개발 등이 통합되는 수준의 국가가 되어야 한다.

4. 기술 혁신과 정착을 촉진시키기 위해 적절한 법안이 마련되어야 한다.

5. 수요를 늘릴 수 있는 방안을 강구해야 한다. 세금 납부, 자동차 면허 갱신, 전자계약 등이 온라인상에서 가능하도록 해야 한다.

IT강국인 한국은 이러한 주요 과제를 잘 수행하고 있으므로 전망이 밝은 편이다. 디지털화는 로봇기술에도 영향을 끼칠 것이다. 디지털화는 인간처럼 자연스럽게 움직일 수 있는 로봇을 만드는 데 일조할 것이다. 그리고 로봇은 인간이 해오던 연극이나 무용 등의 공연과 가사도우미 역할을 자연스런 동작으로 수행하게 될 것이다. 이런 공연을 기획하는 로봇공연기획자, 노인에게 필요한 가사도우미와 간호사 역할을 하는 로봇의 서비스를 개발하는 실버로봇개발자가 유망직종으로 떠오를 것이다.

또, 기존의 일기예보보다 정확한 일기예보를 전하는 우주전파

예보관도 각광받을 것이다. 디지털화는 건축 분야에도 스며들어 건축물에 발생하는 정보를 통합관리하는 빌딩정보모델링BIM 전문가, 음성인식 기술이 생활전반에 적용되면 사용자의 관점에서 음성인식을 연구하는 음성인식UX디자이너가 디지털화 시대의 유망 직종이 될 것이다.

둘째, 대기업들은 성공을 위해 혁신 허브에 관심을 가져야 한다. 한 시장이나 한 지역에 집중해서는 더 이상 기회가 열리지 않는다. 혁신 허브를 만드는 것뿐만 아니라 그 허브들을 잘 연결시키는 것 또한 중요해졌다. 혁신 허브는 디지털화를 통해 이루어질 것인데, 이는 단순히 경제적 번영을 가져오는 것뿐만 세계 곳곳에서 다양한 방식으로 혁신이 일어나는 것을 용이하게 할 것이다. 미국의 종합제약기업 존슨 앤 존슨Johnson & Johnson은 영국 런던과 중국 상하이 등에 글로벌 연구개발 혁신허브인 '이노베이션 센터'를 오픈할 것이다.

한편, 중국은 현재 세계에서 가장 많은 R&D 인력을 보유하고 있는데, 향후 글로벌 혁신의 허브가 될 가능성이 높다. 이처럼 선진국뿐만 아니라 개발도상국도 혁신 허브에 대해 관심을 가지고 있는데, 지금 혁신 허브에 과감히 투자하고 있는 기업이 10년 후의 승자가 될 것이다.

12 사물인터넷, 우리의 일에 어떤 영향을 끼칠까?

컴퓨터들이 모뎀이나 인터넷을 통해 서로 연결되기 전까지는 그 잠재력을 제대로 파악하지 못했다. 우리는 지금 수많은 마이크로프로세서가 들어간 제품들로 둘러싸여 있지만 대부분의 경우 기기들끼리 서로 정보를 교환할 수가 없다. 그러나 이 모든 것이 앞으로는 가능해질 것이다.

IBM의 창업자 토머스 왓슨Thomas Watson은 이렇게 말한 바 있다. "아마 전 세계에 필요한 컴퓨터 수는 10대 남짓일 것이다." 이후 세계에서 두 번째로 큰 컴퓨터 제조사인 DEC의 대표는 이렇게 질문한 바 있다. "왜 가정에 컴퓨터가 필요하지?"

그들의 예측과 달리, 시계와 전화, RFIDRadio-Frequency Identification,

전파를 이용해 먼 거리에서 정보를 인식하는 기술 태그 등 거의 모든 것들이 네트워크화된 컴퓨터 수십억 대가 오늘날 지구촌에서 가동 중이다. 그리고 가까운 미래에 세상 모든 사물이 인터넷으로 연결될 것이다.

1949년 「파퓰러 메커닉스Popular Mechanics」 지는 "미래의 컴퓨터는 무게가 1.5톤보다는 적게 나가게 될 것"이라고 내다봤다. 오늘날의 아이폰5가 112그램 정도 나가는 것을 놓고 봤을 때, 파퓰러 메커닉스의 전문가들은 미래의 컴퓨터가 그들의 예상치보다 12,000배 적게 나간다는 사실을 예측하지 못한 셈이다.

수십 년의 시간 동안 컴퓨터는 점점 더 작아졌고 가벼워졌으며 속도는 빨라졌고 가격은 저렴해졌으며 사용하기 편리해졌다. 대규모 메인프레임 컴퓨터에서부터 미니컴퓨터, 데스크톱, 노트북, 스마트폰에 이르기까지 컴퓨터는 멈추지 않고 발전해왔으며, 언젠가 끼익 소리를 내며 급작스럽게 멈춰 설 것으로는 보이지 않는다.

데이터센터의 역할을 하던 대형 컴퓨터가 데스크톱, 노트북 그리고 주머니에 들어갈 만큼 작은 컴퓨터로 발전한 것처럼, 미래의 컴퓨터는 우리의 일상생활에 점점 더 깊숙이 들어올 것이다. 실제로 우리가 사용하는 제품들뿐만 아니라 우리를 둘러싼 거의 모든 물건들에 내장될 것이다. '사물인터넷Internet of Things, IoT' 현상은 간헐적으로 인터넷에 접속하게 되는 것이 아니라 모든 사람과 사물이 서로 연결된 세상을 만들 것이다.

『트릴리언즈Trillions : 다가오는 정보환경에서 성공하기』라는 책에서 피터 루카스Peter Lukas와 공동저자들은 매년 전 세계적으로 100억 개의 마이크로프로세서가 생산되고 있는데, 그 숫자는 점점 더 늘어나고 있다고 했다. 100억 개의 마이크로프로세서 중 극히 일부만

피터 루카스의 『트릴리언즈』.

데스크톱 컴퓨터와 노트북, 태블릿PC, 휴대폰을 만드는 데 사용되고 있으며, 대다수의 마이크로프로세스가 세탁기와 전자레인지, 진공청소기, 손목시계 등 생활용품에 내장되어 있다고 한다. 생활용품에서 이렇게나 많이 마이크로프로세서가 사용되는 이유는, 기기를 작동하는 데 필요한 모든 정보가 소프트웨어의 형태로 들어가기 때문에 복제하기도 쉽고, 한 번 설치하면 기본적으로 더 이상 추가 비용이 들어가지도 않으며, 세탁기에 들어가는 조절 손잡이 같은 비교적 비싸고 만들기도 설치하기도 까다로운 기계식 장치에 비해 가격이 싸기 때문이다.

마이크로프로세서가 내장된 생활용품을 통해 사용자는 기기와 쉽게 커뮤니케이션할 수 있을 뿐만 아니라 모든 제품들끼리도 서로 커뮤니케이션을 할 수 있다. 그러나 현재 우리는 그저 그 가능성만

핀란드 국립연구소는 앞으로 500억 개의 기기들이 서로 연결되는 만물의 인터넷화가 시작될 것이라고 발표했다.

을 목도하고 있다.

루카스에 의하면 이제 막 우리가 도달한 연결 혁명connectivity revolution의 단계는 PC가 타자기나 계산기를 대체해 쓰기 시작했을 때와 비슷한 수준에 와 있지만 아직 효율적인 연결방식은 만들지 못했다. 과거에 컴퓨터들이 모뎀이나 인터넷을 통해 서로 연결되기 전에는 그 잠재력을 제대로 파악하지 못했다. 이와 유사하게 우리는 지금 수많은 마이크로프로세서가 들어간 제품들로 둘러싸여 있어도 대부분의 경우 기기들끼리 서로 정보를 교환할 수가 없다. 그러나 이 모든 것이 앞으로는 변화할 것이다.

핀란드 국립연구소VTT는 다음과 같이 발표했다. "지난 백여 년간의 텔레커뮤니케이션은 크게 3개의 물결로 정의됩니다. 첫째, 5억 대의 전화기가 설치되었습니다. 둘째, 50억 대의 휴대폰이 보급되었습니다. 셋째, 앞으로 500억 개의 기기들이 서로 연결되는 만물의 인터넷화가 시작될 것입니다."

피터 루카스는 500억이라는 숫자는 단지 시작에 지나지 않는다고 했다. 그래서 책 제목을 트릴리언즈 수조兆의 단위로 지은 것이다. 그는 그 책에서 다음과 같이 단언했다. "머지않은 미래에 전 세계적으로 컴퓨터의 개수가 수조兆 개에 이를 것이라고 예측하는 건 너무나 당연한 일입니다."

핀란드 국립연구소는 동경대학의 연구진들과 함께 uID라는 '보편적 식별 기술'을 개발하고 있다. 이 기술을 통해 생활용품, 부품, 재료에 센서가 달리게 되어 폐기되기 전까지 사물을 인식하거나 추적할 수 있게 될 것이다. 예를 들어, 목재 널빤지가 어느 숲에서 베어졌는지, 어느 목재소에서 가공되었는지, 어느 페인트로 얼마나 여러 번 도색되었는지를 알려주는 작은 센서가 부착될 것이다.

또 다른 선도적인 프로그램으로는 OPENS Open Smart Spaces가 있다. 지금까지 연구를 통해 Smart M3라는 상호작동적인 플랫폼을 만들어냈다. 이 플랫폼을 통해 디지털 기기뿐만 아니라 가정이나 사무실에 있는 물건들과도 제조사에 상관없이 서로 통신을 하고 정보를 주고받을 수 있다. 이러한 기술의 혁신으로 10년 후에는 다음과 같은 세상이 열릴 것이다.

- **자동차 열쇠를 찾고 싶다면 단지 문자메시지를 보내기만 하면, 자동**

차 열쇠의 위치를 알 수 있게 된다.

- 냉장고에 보관된 달걀의 유통기한이 다가오면 냉장고가 알려줄 것이다.
- 사람이 아플 때든 건강할 때든 센서가 건강상태를 점검해, 의료 상황이 발생했을 때 실시간으로 환자의 상태를 의료진에게 전송할 것이다. 이러한 센서는 사람들이 입고 다니는 의류에도 부착될 것이다.
- 자동차가 스스로 운전할 것이며, 길의 장애물들을 피하고, 다른 차들과도 커뮤니케이션을 할 것이다.
- 스마트 그리드 기술을 이용해 전기를 얼마나 소비하는지를 점검할 수 있고, 언제 기기를 켜야 가장 싼 가격에 전기를 공급받을 수 있는지를 알 수 있다. 전기자동차에서 사용하고 남은 전력이 있으면 스마트 그리드를 통해 다시 팔 수도 있다.
- 주위의 모든 기기와 물건들을 통해 수집된 정보를 활용해 기업이 특정 지역이나 관심사, 활동 등에 근거해 맞춤형 마케팅을 할 수 있다.

이러한 세상이 열리면 다음과 같이 달라질 것이다.

10년 후 세계
Report

첫째, '사물인터넷'은 빠른 속도로 강력한 네트워크를 형성할 것이다. 모든 사물들이 인터넷으로 서로 연결되면 우리의 일터는 다음과 같이 달라질 것이다. 오늘날 대부분의 사무실에 비치되어 있는 팩스기를 예로 들어보자. 최초의 팩스기는 이용자들이 많지 않아 상대방에게 팩스를 전송할 일이 많지 않아서 그다지 쓸모가 없었다. 그러나 사무실에서 팩스기를 갈수록 많이 사용하게 되자 팩스기의 가치는 향상되었다. 팩스기와 팩스기끼리 서로 연결되어 의사소통을 하는 것처럼, 우리는 사무실의 모든 물품이 서로 연결되는 현상을 목격할 것이다. 마이크로프로세스 센서가 부착된 컵은 커피의 온도를 24시간 내내 최적화 상태로 유지시켜줄 것이다. 자녀가 있는 여성은 일터에서도 휴대폰을 통해 자녀가 등하교하는 모습을 자세히 관찰할 수 있을 것이다. 수백억 개의 기기와 물건들이 서로 통신할 수 있을 때 그 효과는 우리가 상상하는 바를 훨씬 뛰어넘을 것이다.

둘째, 당신이 만약 신사업 기획이나 마케팅 부서에서 근무하게 된다면 모든 사물이 인터넷으로 연결되는 세상에서는 고객의 모든 움직임과 구매활동 및 취향 등을 추적할 수 있기 때문에, 마케팅을 하는 데 용이해질 것이다. 그러나 개인의 사생활과 안전에는 큰 위협이 될 수도 있다. 지금도 이미 휴대전화 사용, 신용카드 구매, 인터넷 검색 히스토리, 차량에 탑재된 GPS 정보검색 등을 통해 개인의 위치를 추적할 수 있다. 궁극적으로 고객의 데이터를 잘 보호하는 회사가 시장에서 가장 좋은 회사로 평가받을 것이다. 또, 기후변화가 10년 후에도 지구촌의 최대 관심사가 될 것이므로 소비자들은 친환경적인 기업을 선호할 것이다. 피터 루카스는 「피츠버그 포스트가제트Pittsburgh Post-Gazette」에 실린 글에서 다음과 같이 말했다.

"산업화된 세계에서 어느 정도의 오염은 불가피한 결과라 할 수 있을 것입니다. 환경오염을 완벽하게 막을 수는 없기 때문입니다. 그러나 오염을 줄이고 최소화시키기 위해 꾸준히 노력해야 하고, 할 수 있는 한 모든 곳에서 환경을 파괴하지 않는 깨끗한 기술을 사용해야 할 것입니다. 사생활 보호 문제도 같은 방식으로 접근할 필요가 있다고 봅니다. 컴퓨터 기술이 가져올 수 있는 모든 부정적인 영향을 완벽하게 제거할 수는 없지만 그것을 최소화하기 위해 노력하는 기업, 소비자들은 그런 기업의 제품과 서비스를 선호할 것입니다."

이처럼, 미래에는 친환경과 고객의 사생활 보호를 위해 최선을 다하는 기획자와 마케터들이 각광받을 것이다. 따라서, 정보보안 전문가, 친환경 공학자, 재생에너지 개발자 등이 고액 연봉을 받을 것이다.

셋째, 센서 칩이 부착된 로봇이 인간의 일자리를 뺏어갈 것이다. 사물인터넷 현상은 로봇에도 적용되어 로봇이 인간의 일들 중 상당수를 대신할 것이다. 하지만 인간이 로봇보다 더 뛰어난 점이 있다. 바로 '인간다운' 점이다. 로봇과 달리 인간은 다른 이의 기쁨과 슬픔 등의 감정을 공유할 수 있는 특성이 있다. 최근 많은 기업들이 사회공헌팀을 늘리고 있다. 기업의 목표가 이윤추구가 아닌 사회공헌으로 바뀌고, 수많은 사람들이 사회기업이나 조합 등에서 같이 벌어 같이 나눠 가지는 협동조합기업이 떠오르고 있다.

로봇은 인간을 대신해 일하는 '아바타'가 될 뿐이지 '인간'이 될 수는 없다. 택시기사와 화물배송기사 등은 무인자동차가 등장해 일자리를 잃을 수도 있겠지만 '인간다운' 특성을 발휘할 수 있는 업종은 10년 후에도 각광받을 것이다. 우울증이나 불안장애, 정신분열증, 학습장애, 성격장애 등 정신건강과 관련된 문제를 평가하거나 치료에 개입하는 임상심리전문가, 고령화 사회에서 노인의 건강과 복지를 위해 서비스를 제공하는 실버시터, 행복한 노년을 준비할 수 있도록 금융, 여가, 생활 등을 설계해주는 실버복지컨설턴트가 유망직종으로 떠오를 것이다. 한편, 기획 및 마케팅, 디자인, 연구개발 부서 등 많은 직장에서 창의적인 아이디어를 도출해내는 사람은 계속 일할 수 있을 것이다.

13

국제공인 정보시스템 감시사, 유망직종으로 떠오른다

직업과 재산, 개인의 프라이버시에 대한 정보 시스템의 의존도가 나날이 커지고 있다. 더불어 이러한 정보 시스템에 대한 범죄 및 테러도 똑같은 속도로 증가하고 있다. 머지않은 미래에 이러한 위협은 어떤 모습으로 우리에게 다가올 것인가?

과거에 데이터는 안전하고 잘 정돈된 세상에서 살기 위해 활용되었다. 특히 기업의 신기술과 관련된 정보는 달갑지 않은 사람들이 결코 손에 넣을 수 없도록 안전한 금고에 보관되었다. 이렇게 보관된 정보는 매우 안전했다.

하지만 PC와 노트북, 인터넷과 클라우드 컴퓨팅, 최근에 이르러 모바일 기기를 사용하는 디지털 시대가 도래하면서 갑자기 모든 정

오늘날 사이버 해킹은 그 정교함과 규모, 빈도, 시스템 공격 능력, 자료 도용 측면에서, 그 전례를 찾아보기 힘든 수준에 도달하고 있다. 직업과 재산, 개인의 프라이버시에 대한 정보 시스템의 의존도가 나날이 커지고 있다.

보들이 곳곳에서 넘쳐나기 시작하고 있다. 그러자 사이버 보안의 중요성이 부각되고 있다. 오늘날 사이버 해킹은 그 정교함과 규모, 빈도, 시스템 공격 능력, 자료 도용 측면에서, 그 전례를 찾아보기 힘든 수준에 도달하고 있다.

2011년 가을, 조지아정보기술보안센터Georgia Tech Information Security Center가 발표한 보고서는 나날이 증가되고 있는 몇 가지 심각한 위협을 구체적으로 보여주었다. 중요한 한 가지 문제는 모바일 기기에서 일어날 것으로 예상된다.

최근 대역폭이 확장되고 모바일 애플리케이션이 범람하고 있는데, 모바일 인터넷 사용량은 2014년이 되면 데스크톱 인터넷 사용량을 추월할 것이다. 우리의 필수품이 되어버린 스마트폰은 웹브라우저 능력을 갖추고 있다. 그런데 스마트폰의 웹브라우저는 사이버 공격에 매우 취약하다.

모바일 웹브라우저의 보안 문제를 해결하기 어려운 이유는, 스마트폰의 다음과 같은 특징 때문이다. 화면 위로 사라지는 주소바 address bar를 만들어 더 많은 콘텐츠를 볼 수 있게 되면서 스마트폰의 유용성은 더 커졌지만, 그 결과 사용자들이 데스크톱 컴퓨터를 사용할 때와는 달리 사이트의 안전을 확인할 수 있는 많은 정보들을 수신할 수 없게 되면서 사이버 공격에 노출되고 있는 것이다.

모바일 웹브라우저는 디스플레이 보안에도 문제가 있다. 화면을 건드리기만 해도 사이버 공격을 당할 수 있기 때문이다. 완벽하게 합법적으로 보이는 이미지 속에 악성 링크를 숨길 수 있으며, 이를 건드리면 공격자는 사용자를 몰래 감시하거나 악성 콘텐츠가 업로드되는 사이트로 사용자를 보낼 수 있다.

NT 옵젝티브즈 NT OBJECTives의 공동 CEO이자 최고기술책임자인 댄 쿠이켄달 Dan Kuykendall은 모바일 기기의 문제점을 다음과 같이 말했다.

"모바일 브라우저가 가진 가장 큰 문제점은 업데이트가 되지 않는다는 점입니다. 대다수의 사용자들에게 운영 체제와 모바일 브라우저는 휴대폰 제조 날짜와 같은 겁니다. 그러한 특성은 공격자들에게 상당한 이점을 제공합니다."

쿠이켄달은 모바일 애플리케이션이 너무 빨리 개발되고 있는 것도 문제라고 보았다. 이로 인해 개발자들은 데이터 보호 문제까지 고려하지 못하고 있다. 오로지 눈앞의 이익을 위해 히트 상품을 개발하는 데만 관심을 두기 때문이다.

해커들은 스마트폰을 공격하면 데스크톱 컴퓨터를 공격할 때보다 데이터를 유출해내기 쉬워서, 스마트폰을 타깃으로 삼고 있다. 이들은 스마트폰에 여러 악성코드를 심고 있다. 또한 모바일 기기는 점차 네트워크와 중요한 기업 시스템에 공격을 가하는 수단이 되고 있다. 이러한 기기들은 기본적으로 공격자들이 악용할 수 있는 저장장치가 된다. 공격자들은 스마트폰에 악성코드를 심기 위해 무선 접속기술을 활용할 수도 있다.

스마트폰이 해커에게 공격당하면, 설령 충전을 위해 코드를 꼽는 것처럼 위험하지 않은 행동을 하더라도 일단 접속되자마자 위험한 페이로드payload가 설치될 수 있다. 이러한 공격으로 기업 네트워크와 직접 연결되지 않은 시스템에도 위협을 가할 수 있다. 만약 원자력 발전소의 시스템에 이러한 공격이 가해진다면 그 피해는 어마어마할 것이다.

심각하게 커지고 있는 또 다른 위협은 봇넷Botnet, 스팸메일이나 악성코드 등을 전파하도록 하는 악성코드 '봇Bot'에 감염되어 해커가 마음대로 제어할 수 있는 좀비 PC들로 구성된 네트워크를 말한다. 일단 봇에 감염되면 실제 PC 사용자들은 자신의 컴퓨터가 감염된 줄 모르는 경우가 많고, 해커는 수십에서 수만 대의 시스템에 명령을 전달해 특정 인터넷 사이트에 대량의 접속 신호를 보내 해당 사이트를 다운시키는 등의 방식으로 대규모 네트워크 공격을 수행할 수 있다에서도 비롯된다. 봇넷 기술은 주로 해커들이 이메일과 비밀번호 인증을 도용하기 위해 사용되는데, 사실 정보화 시대에서 많은 기업들이 이 기술을 마케팅에 활용하고 있다. 오늘날의 기업들은 봇넷을 사용해 엄청난 양의 개인정보를 얻고 있다. 이러한 개인정보는 이름, 주소, 나이, 성별, 보유자산, 대인관계, 그리고 온라인 방문처 등 온갖 내용이 포함되어 있는 데이터로, 마케터들에게는 꿈의 정보라 할 수 있다.

검색엔진 포이즈닝search Engine poisoning과 인덱스 포이즈닝index poisoning은 악성코드를 유포하는 데 사용되는 또 다른 기술이다. 이 기술은 다음과 같이 발휘된다. 어떤 사람이 검색엔진에 들어와 검색어를 입력하고 검색 결과 중 하나를 클릭하는데, 사실 그 내용은 가짜 결과이다. 사용자는 이리저리 휘둘린 후 결국 자신의 의도와는 아무런 상관없는 페이지에 도달하게 되고, 그사이에 악성코드에 감염된다.

또, 지능형 타깃 지속 공격Advanced Persistent Threat, APT도 늘고 있다. 이는 무작위로 희생자를 모색하는 경향이 있는 다른 기술들과는 달리, 구체적인 실체를 목표대상으로 하며, 지속적으로 공격한다. 모바일 기기가 방어수단을 전개하면, 방어를 뚫기 위해 신기술을 사용한다. 이들의 목표대상은 컴퓨터 시스템, 기업, 인프라, 정부 등이다.

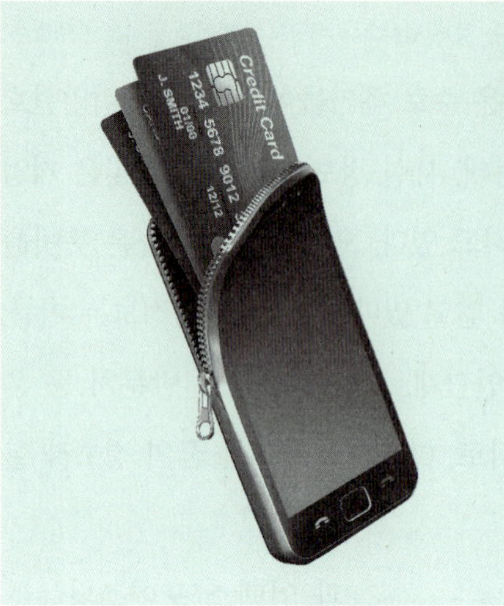

봇넷 기술은 주로 해커들이 이메일과 비밀번호 인증을 도용하기 위해 사용되는데, 사실 정보화 시대에서 많은 기업들이 이 기술을 마케팅에 활용하고 있다.

수많은 사례에서 보듯, 핵티비스트hacktivist, 핵티비스트는 '해커hacker'와 '행동주의자activist'의 합성어이다. 인터넷을 통한 컴퓨터 해킹을 투쟁 수단으로 사용하는 새로운 형태의 행동주의자들을 뜻한다. 이들은 피켓을 들고 거리에서 구호를 외치거나 전단지를 나눠주는 고전적인 투쟁방법 대신 가상공간을 무대로 삼아 활동한다들은 기업, 산업, 또는 정부를 혼란에 빠뜨리기 위해 조직적인 사이버 공격을 벌인다. 이들은 서비스 거부 캠페인을 벌이거나 상대방을 공개적으로 당혹스럽게 만들 수 있는 위험한 데이터를 올리곤 한다. 그러한 공격은 끈질기게 지속될 수 있다.

이렇게 증가하는 위협에 맞서, 조지아정보기술보안센터의 무스타크 아하마드Mustaque Ahamad 소장은 사이버 보안이라는 복잡한 문제를 적절하게 해결하려면 공동의 노력이 필요하다고 했다.

"공격자의 시스템 공격, 데이터 도용 그리고 주요 인프라에 가하는 손실을 예방하고자 한다면 학계와 기업 그리고 정부의 보안 연구자 커뮤니티가 협력해 적극적으로 보안 솔루션을 개발해야 합니다."

영국정보보호기술연구센터Centre for Secure Information Technologies는 차세대 연구를 위한 공동 전략의 필요성을 강조했다. 영국정보보호기술연구센터는 3가지 우선순위를 제안했다.

- **사이버 공격으로부터 배우는 자기주도형 사이버 보안 기술**
- **스마트 유틸리티 그리드 보호**
- **모바일 네트워크의 보안 향상**

미국표준기술연구소National Institute of Standards and Technology는 스마트 그리드Smart Grid, 기존의 전력망에 IT를 접목해 전력 공급자와 소비자가 양방향으로 실시간 정보를 교환함으로써 에너지 효율을 최적화하는 차세대 지능형 전력망 기술을 보호하기 위해 여러 조치를 취해왔다. 미국표준기술연구소는 노후한 전기 그리드를 첨단 디지털 인프라로 교체하기 위해 필요한 가이드라인을 발표했다.

이 가이드라인에는 높은 보안 조건, 위험을 평가하는 체제, 개인 주거지에서의 사생활 문제 평가, 그리고 전력 그리드를 보호하는 방법을 계획하는 데 필요한 정보 등이 포함되어 있다. 미국표준기술연구소는 다양한 스마트 그리드 시스템 내에서 데이터 교환 포인트인

137개의 인터페이스를 파악한 다중 보안 방식을 지지하고 있다.

한편, 맨체스터대학교 University of Manchester 의 과학자들은 스마트폰의 비밀번호와 인증번호를 대신할 수 있는 상당히 발전된 얼굴 인식 기술을 개발하고 있다. 실시간으로 운영되는 이 소프트웨어는 수많은 사람들의 얼굴 생김새를 추적하고, 단순히 이목구비의 위치와 크기를 대략적으로 계산하는 기존의 추적기보다 더욱 정확한 기술을 자랑한다. 이러한 기술은 이미 노트북과 웹캠에서 사용되고 있지만, 이 기술은 모바일 기기에서는 처음으로 시도하는 것이다.

또, 사이버 공격으로부터 모바일 기기를 보호하기 위해 많은 기업들은 캡슐화 encapsulation 로 불리는 방식을 사용하고 있다. 이러한 다층적인 방어는 회사 소유의 직원용 스마트폰을 캡슐화하고 암호화하는데, 스마프폰을 보호할 뿐만 아니라 기기에 문제가 있을 경우 원격으로 이를 해결할 수 있다.

사이버 공격에 대한 방어책으로 많은 관심을 얻고 있는 또 다른 분야는 클라우드 컴퓨팅 Cloud Computing, 정보처리를 자신의 컴퓨터가 아닌 인터넷으로 연결된 다른 컴퓨터로 처리하는 기술 이다. 비엔나 양자과학기술센터 Vienna Center for Quantum Science and Technology 연구진은 양자역학의 원리를 활용한 보안 클라우드 컴퓨팅을 소개했다. 이 방법은 양자컴퓨터 quantum computer, 양자역학의 원리에 따라 작동되는 미래형 첨단 컴퓨터이다. 양자역학의 특징을 살려 병렬처리가 가능해지면 기존의 방식으로 해결할 수 없었던 다양한 문제를 해결할 수 있다의 독특한 특징을 활용한다. 양자역학의 원리를 활용한 보안 클라우드 컴퓨팅은 암호화된 정보를 받아 데이터를 처리하고, 암호를 해독하지 않고도 결과를 산출할 수 있는데, 이는 기존 컴퓨팅으로는 불가능했던 일이다. 이 기술은 비양자 컴퓨터를 사용해 클라우드 환경에서 양자컴퓨터를 활용하는 완벽한 보안 클라우드 컴퓨팅 환경을 제공할 것이다.

10년 후 세계
Report

첫째, 컴퓨터 보안 전문업체 시만텍Symantec은 2013년 전 세계 모바일 결제 이용횟수가 2012년보다 38.2% 증가한 1억 4,110만 명을 넘어서고, 규모 역시 75.9% 성장한 861억 달러에 이를 것이라고 전망했다. 스마트폰을 이용한 모바일 결제 시장이 확대됨에 따라 보안 위협은 기하급수적으로 증가할 것이다.

최근 보안직종의 수요는 크게 늘고 있다. 현재 고용주들의 요구를 충족시킬 만큼 숙련된 보안 전문가들이 부족하기 때문이다. 인력 스카우팅 업체 버닝글래스Burning Glass의 조사에 따르면, 사이버보안 전문가들은 지난 5년 동안 다른 IT직종보다 3.5배나 빠르게 수요가 증가했다. 이는 IT보안 전문가들이 다른 IT관련직 종사자들보다 매년 약 1만 2천 달러를 더 벌고 있다는 뜻이다. 버닝

글래스의 보고서에 따르면, 2012년에는 국방, 금융, 유통, 의료, 전문 서비스 등의 산업에서 사이버 보안 관련 구직 정보가 6만 7,400건 이상 올라왔는데, 이는 2007년에 올라온 전체 사이버 보안 관련 직종 구직 정보보다 73%나 많다.

2013년 이후 새롭게 급수상할 보안 관련 직종은 물리적인 보안 능력과 비즈니스 및 금융에 대한 통찰력 등을 갖춘 국제공인 정보시스템 감시사CISSP이다. 지난 2년 동안 많은 회사들이 국제공인 정보시스템 감시사 자격증을 요구했으며, 이 자격증의 수요는 앞으로 크게 늘 것이다.

둘째, 사이버 보안에 대한 수요가 증가하면, 사용자들은 믿을 수 있고 적절한 가격에 솔루션을 제공하는 기업을 선호할 것이다. 오늘날 사용자들은 무료 백신 프로그램을 선호하지만 앞으로 중요한 계약서 등에 전자서명을 하는 세상이 되면, 사이버 보안이 중요한 문제로 떠오를 것이다.

그러한 세상에서 사용자들은 점차 데이터를 안전하게 지켜주는 보안 시스템과 애플리케이션을 구입하는 데 기꺼이 돈을 지불할 것이다. 그러다 점차 시간이 지나면 이러한 보안 솔루션의 프리웨어 버전을 보급하는 기업에게도 행운이 따를 것이다. 이 기업들은 사용자들에게 보안 솔루션을 무료로 제공하는 대신 모바일 기기에 광고를 싣게 하고, 소셜 미디어 사이트에 특정 브랜드를 링크하는 등의 옵션을 선택하게 하는 조건으로 더 큰 이익을 창출할 것 이다.

14 기계학습과 인공지능이 세상을 바꾼다

현대의 디지털 컴퓨터는 60여 년 전 폰 노이만John von Neumann과 앨런 튜링Alan Turing이 고안해냈는데, 오늘날의 관점에서 보면 순차적인 명령을 실행하는 초고속 계산기에 지나지 않는다. 앞으로는 스스로 사고하는 기계가 등장할 것이기 때문이다.

기존의 디지털 컴퓨터는 새로운 정보를 이용해 문제를 해결하지는 못했다. 최근 연구자들은 신경망neural network, 인간이 뇌를 통해 문제를 처리하는 방법과 비슷한 방법으로 문제를 해결하기 위해 컴퓨터에서 채택하고 있는 구조을 토대로 아날로그 컴퓨터가 현재의 디지털 컴퓨터가 나타낼 수 없는 인간 두뇌의 능력을 모방할 수 있는지를 연구하기 시작했고, 아날로그 컴퓨터에서 그 가능성을 엿보고 있다.

예를 들어, 인간의 눈을 보자. 인간은 약간의 시각적 단서만 제공되더라도 자연에 관한 비디오를 보다가 풀숲 뒤에서 질주하는 호랑이를 쉽게 알아본다. 하지만 최고의 디지털 이미지 처리기도 이러한 인간의 능력을 따라잡지는 못한다. 마찬가지로 인간은 남성과 여성의 얼굴을 구분할 수 있는데, 최첨단 인공시각 시스템에게는 이러한 능력이 없다. 왜냐하면 인간의 사고는 디지털 컴퓨터와 달리 매우 효율적으로 데이터 마이닝data mining, 많은 데이터 가운데 숨겨져 있는 유용한 상관관계를 발견하여, 미래에 실행 가능한 정보를 추출해내고 의사 결정에 이용하는 과정을 수행할 수 있기 때문이다. 이를 통해 우리는 이미지에서 관련 데이터를 선택하고 관련이 없는 데이터를 걸러낼 수 있다. 하지만 디지털 컴퓨터의 알고리즘은 이처럼 복잡한 업무를 처리할 수 없다.

마찬가지로 인간의 두뇌는 다양한 방식의 업무를 수행하고, 무의식적으로 이 업무를 전환할 수 있다. 예를 들면, 우리는 북적이는 거리를 지나는 데 집중하느라 새소리를 못 들을 수도 있으며, 버스에 붙은 광고 메시지를 무시할 수도 있다. 설령 망막에 이미지가 나타나도 말이다.

놀랍게도, 인간은 에너지를 쏟거나 의식적인 노력을 하지 않아도 이런 일을 해낸다. 우리는 해야 할 일을 토대로 원하는 수준의 관심을 선택한다. 이러한 인간의 특성을 갖춘 인공지능 시스템을 설계하기가 굉장히 어렵다는 점은 이미 입증되었다.

인간의 두뇌와 오늘날 디지털 컴퓨터의 가장 큰 차이점은 구조인

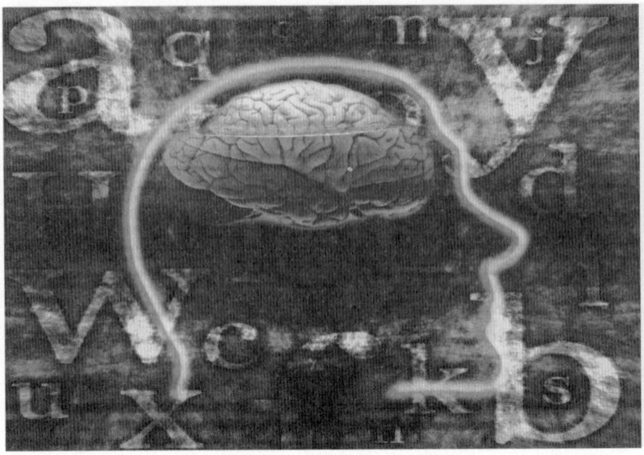

디지털 컴퓨터의 아키텍처와 달리, 인간 두뇌의 아키텍처는 기억을 학습 경험의 일부로 적용하고 변경할 수 있다.

데, 인간의 두뇌는 10^{11}뉴런 가량의 병렬구조로 구성되어 있다. 따라서 정보를 계속 전송받더라도 기억이라는 요소가 두뇌에 계속 쌓이게 된다. 오늘날 디지털 컴퓨터의 아키텍처 architecture, 컴퓨터의 기능적 구조 또는 물리적 구조와 달리, 인간 두뇌의 아키텍처는 기억을 학습 경험의 일부로 적용하고 변경할 수 있는 것이다.

이러한 인간 두뇌의 '동적인 신경망 아키텍처를 중심으로 한 컴퓨터'에서는 새로운 수준의 연산을 할 수 있다. 이는 1930년대의 수학자 앨런 튜링 Alan Turing의 이론에서 탈피할 수 있는 새로운 이론을 필요로 한다. 1990년대 초 이후, 매사추세츠대학교 애머스트 캠퍼스 University of Massachusetts Amherst의 하바 지겔만 Hava Siegelmann 교수는 신경망을 활용해 앨런 튜링의 연구에서 탈피할 수 있는 연구를 해왔다. 이 새로운 패러다임은 슈퍼 튜링 머신 Super-Turing Machine이라

매사추세츠대학교 애머스트 캠퍼스의 하바 지젤만 교수.

불린다. 지젤만 교수는 다음과 같이 말했다.

"만약 튜링 머신이 고정된 트랙 위의 기차와 같다면, 슈퍼 튜링 머신은 비행기와 같습니다. 슈퍼 튜링 머신은 무거운 짐을 운반할 수 있을 뿐만 아니라, 수많은 방향으로 이동할 수 있으며 필요에 따라 목적지가 달라질 수도 있습니다."

또한 지젤만 교수는 인간의 적응형 두뇌와 마찬가지로, 아날로그 방식의 신경망 컴퓨터는 자극에 반응하기 위해 각각의 연산 단계에서 스스로 변화할 수 있다고 말했다. 그가 상상하는 연산 모델은 뉴런과 정보처리 능력이 결합된 형태로, 전체 구조는 뉴런이 실수 real numbers로 표시되는 복잡한 동적 시스템처럼 활동한다. 그 결과 정보처리 과정은 기존 연산보다는 물리학과 일맥상통한다. 그리고 이로 인해 기계학습 machine learning, 인공지능의 한 분야로, 컴퓨터가 학습할 수 있도록 하는 알고리즘과 기술을 개발하는 분야이 가능해진다.

즉, 신경망 컴퓨터는 인간 두뇌의 신경세포가 정보를 처리하는 방법에서 그 원리를 찾아 설계한 컴퓨터이다. 신경세포와 같은 정보처리 능력을 인공적으로 만들기 위해 인간의 두뇌를 형성하는 최소 단위인 신경세포와 시냅스를 전기적이고 광학적인 또는 생물학적인 방법을 통해 신경칩, 퍼지칩 및 혼돈칩으로 구현한다.

현재의 컴퓨터에 비해 신경망 컴퓨터가 갖는 가장 대표적인 장점은 학습 기능이다. 신경망은 반복적으로 입력된 정보에 대해 각 입력 신호의 가중치를 목적에 맞도록 변화시킴으로써 학습을 할 수 있다. 학습을 수행한 신경망 컴퓨터는 입력된 정보를 기억할 수 있으며, 인간 두뇌와 같이 비결정적인 특성을 가지고 있기 때문에 약간 틀리거나 비슷한 입력을 인식할 수 있다. 이러한 특징은 영상인식이나 자연언어처리, 음성인식, 필기체 문자인식 등에 이용될 수 있다.

디지털 컴퓨터는 소위 '이산 공간 모델discrete-space model' 내에서 운영된다. 컴퓨터가 작동하면 기존의 연산 패러다임은 변화하지 않는다. 반면에 신경망은 비약적으로 진화할 수 있는데 '연속상 공간continuous phase space'에 있기 때문이다. 내부 상수를 바꿀 수 있는 컴퓨터는 외부의 새로운 자극에 반응할 수 있다.

지젤만 교수는 연구 보고서를 통해, 실생활의 경우처럼 끊임없이 감각적인 자극을 제공하는 환경에서 신경망 슈퍼 튜링 머신은 기존 컴퓨터보다 훨씬 훌륭한 행동을 보여줄 것이라고 했다. 이러한 결론은 아날로그 컴퓨터가 디지털 컴퓨터보다 나을 것이 없다는, 지난 60년 동안 지배해온 이론과 대조적이다. 이 새로운 이론은 기억 매체가 무한한 테이프인 튜링의 이론 모델을 바탕으로 하고 있으며, 숫자를 정확하게 저장할 수 있다는 점을 암시한다.

지젤만 교수는 "신경망 체계의 동적인 행동은 실제 수치 절댓값 의 영향을 받으며, 이는 빛의 속도, 플랑크 상수 Planck's constant, 전자의 전하량과 같은 기본적인 물리상수를 설명할 수도 있습니다"라고 했다.

분명한 점은 아날로그 연산은 디지털 연산과는 근본적으로 다르며, 지금까지 사용해왔던 고전적인 연산 모델은 아날로그 세계에서는 더 이상 적용되지 않을 것이다. 이러한 추세를 고려하면, 다음과 같은 예측을 할 수 있다.

10년 후 세계
Report

첫째, 기계학습과 인공지능의 응용 분야는 무수히 많다. 이러한 기능들을 갖춘 센서를 부착한 기계들을 판매하는 기업의 주가는 앞으로 크게 오를 것이다. 또, 이 기술들은 단순 서비스 업종에서 인간을 대신할 것이다. 이 기술들을 적용한 무인자동차가 보편화되어 운송업에서 수많은 실업자가 생겨날 것이다.

둘째, 슈퍼 튜링 컴퓨터는 치안을 담당하는 경찰과 국가 안보를 맡고 있는 군에 변화를 가져올 것이다. 현재의 CCTV와 달리 이 새로운 기기는 학교폭력이나 성범죄 피의자의 행동을 사전에 예상할 수 있고, 북적이는 공항에서 미심쩍다고 여겨지는 것을 인지할 수도 있을 것이다. 단순히 숫자 계산을 하는 것이 아니라, 마치 인간처럼 경험으로부터 배우고 점차 더 나은 결정을 내릴 것이다. 따라서 슈퍼 튜링 컴퓨터는 군과 경찰의 여러 업무를 대신하게 되고, 이 컴퓨터는 인간의 일자리를 뺏을 것이다. 현재 아파트와 대형 건물에서 일하는 경비원들의 상당수는 다른 일자리를 알아봐야 할 것이다.

셋째, 아날로그 연산을 기반으로 하는 미래의 컴퓨터는 인간처럼 상호작용할 것이다. 로봇은 매우 역동적인 환경에서 방향을 읽는 능력을 갖추게 될 것이며, 맹인들에게는 안내견보다 정확하게 길 안내를 해줄 것이다. 자연스럽게 대화하는 법을 배우면서 상당히 많은 공항과 관공서 등의 안내 부스에서 인간을 대신해 안내자 역할을 할 것이다. 더욱이, 얼굴 패턴을 인식하고 비언어적인 단서를 포착할 정도로 기술이 발전해, 인간의 감정까지 헤아리며 대화할 수 있는 컴퓨터가 등장할 것이다. 결국, 현재까지 인간이 해오던 단순

업무 직종 중 상당수가 자취를 감출 것이고, 이러한 기술을 이용해 새로운 서비스 상품을 개발하는 사람에게 행운이 따를 것이다.

15 페이스북, 이대로라면 5년 안에 사라진다

찰스 맥케이 Charles Mackay, 1814~1889 가 『대중의 미망과 광기 Extraordinary Popular Delusions and the Madness of Crowds』를 출간한 지도 170여 년이 지났다. 최근의 주식시장을 보면 그가 말한 인간의 본성은 아직도 큰 변화가 없는 듯하다. 2012년 페이스북 Facebook 의 주식이 나스닥에 상장한 직후 주가는 반 토막이 났다. 소셜 미디어 서비스의 성장세에 주목한 이들은 다른 곳에 투자했던 주식을 팔아 페이스북 주식을 사들여 큰 손해를 본 것이다.

1841년, 찰스 맥케이는 『대중의 미망과 광기』에서 세월이 지나면서 투자자들이 어떻게 광기어린 투기에 사로잡히는지를 시간의 흐름에 따라 설명했다. 17세기 초에는 투자자들이 집을 팔아 튤립 구근을 산 다음 다른 투자자들에게 더 높은 가격에 판매하려 했다. 18세기 초에는 투자자들이 남해회사South Sea Company 거품과 미시시피 회사Mississippi Company 거품을 부풀렸다.

이처럼 사람들은 지속적으로 가치가 오르는 것에 투자하면 부자가 될 수 있다는 생각에 빠져 제정신이 아니었다. 그토록 많은 사람들이 같은 망상을 쫓고 있었던 까닭에, 점점 더 많은 사람들은 '대중의 광기'에 감염되었다.

맥케이는 이렇게 설명했다. "사람들은… 단체로 미쳐가지만, 그들은 천천히, 그리고 한 명씩 차례대로 제정신으로 돌아올 뿐이다."

그렇게 제정신으로 돌아오는 일은 모든 투자자들이 자신들이 열광적으로 사들인 것이 더 이상 가치가 없다는 고통스러운 현실을 깨달을 때에만 이루어진다. 만약 맥케이가 오늘날까지 살아서 속편을 집필했다면, 분명 그는 20세기 말의 닷컴 거품, 지난 10년 동안의 부동산 거품 그리고 2012년의 페이스북의 사례도 언급했을 것이다.

닷컴과 부동산, 페이스북에 투자한 사람들은 맥케이가 발견한 그릇된 패턴을 그대로 따랐다. 흐릿한 판단력으로 자신이 투자한 돈이 계속 커지지 않을 수 있다는 생각을 전혀 하지 못한 것이다. 그들이 상상했던 유일한 부정적인 측면은 '내가 합류하지도 않았는데 가격이 치솟으면 다른 사람들이 일확천금을 얻는다'였다. 이러한 이유로 수많은 사람들이 투자에 뛰어든 것이다.

수많은 사람들은 복권에 당첨된다거나 라스베이거스에서 블랙잭을 터트리면 부자가 될 수 있다는 망상을 가지고 있다. 물론 그렇게만 된다면 부자가 될 것이다. 그것은 사실이다. 하지만 그 사실의 뿌리는 '실제로 그렇게 된 매우 소수의 일부 사람들'이라는 증거에만 국한될 뿐이다. 망상은 여기에서 시작된다. 카지노와 복권은 분명 수백만 명에게는 손해를 주지만, 이득을 얻는 극소수의 사람들 가운데 자신이 포함될 수도 있다는 생각이 그것이다.

산소가 불씨를 타오르게 하듯, 금융 세계에는 IPO Initial Public Offering, 주식공개나 기업공개가 망상을 키우고 있다. 이 망상은 두 가지 형태를 취하는데, 아직 상장되지 않은 신생 기업에 대한 과도한 평가와, 실제로 상승했고 다른 상장 기업보다 높은 가격을 유지하는 IPO 주식 가격이다. 첫 번째 형태는 순수한 거품으로 여겨져야 하며, 두 번째는 라스베이거스의 부자처럼 확실히 예외가 있긴 하지만 규칙은 아니다.

『대중의 미망과 광기』는 투자자들의 광기어린 투기 성향에 대해 잘 설명하고 있다.

「월스트리트 저널Wall Street Journal」에 따르면, 실리콘 밸리에는 벤처 자금을 지원받은 10억 달러 혹은 그 이상의 가치를 지닌 스타트업 기업이 최소한 20개는 된다. 이들 가운데 15개 기업은 2012년에 추가되었다.

온라인 스크랩북 서비스를 제공하는 스타트업 기업인 핀터레스트Pinterest는 가장 최근에 이 대열에 합류했다. 2009년에 서비스를 시작한 후 5월에 1억 달러의 자금을 유치받았고, 매출이나 수익이 전혀 없음에도 기업의 가치는 15억 달러로 평가받았다.

핀터레스트는 수십억 달러 상당의 다른 웹 기업들과 제휴를 맺고 있는데, 파일 공유기업 드롭박스Dropbox Inc., 방을 임대하는 기업 에어비앤비Airbnb Inc., 전자상거래 플랫폼 기업 리어든 커머스Rearden Commerce Inc. 그리고 비즈니스 소프트웨어 제작기업 워크데이Workday Inc. 등과 제휴했다.

다우존스 벤처소스Dow Jones Venture Source 분석에 따르면, 10억 달러의 평가를 받는 스타트업 기업의 수가 1990년대 말 닷컴 거품이 최고조에 달했던 기간 동안의 숫자를 넘고 있다. 이것은 IPO의 열기와 착각에 불을 지필 가능성이 있는 기업들이 그만큼 더 많다는 의미이다.

링키드인LinkedIn 처럼 IPO 이후 성공한 기업들이 극소수 있기는 하다. 2011년 5월, 이 스타트업 기업은 주당 45달러에 주식을 상장했다. 2012년 7월에 이 기업의 주식은 주당 110달러 가까이에 거래되었다. 이러한 소수의 사례는 성공을 추구하는 사람들의 마음속에서 파문을 일으키지만 안타깝게도 실패 사례가 더 많다.

온라인 쿠폰 사이트 그루폰Groupon은 주가가 상장되자 최초 가격보다 50% 이상 떨어졌다. 프렌드 파인더 네트웍스Friend Finder Networks는 주당 10달러에 주식상장을 한 이후 주가가 1달러 아래로 곤두박질쳤다. 소셜 미디어 게임 제작기업 징가Zynga는 주가가 2011년 말 주당 10달러최초 가격였는데 40% 이상 하락했다. 지난 1999년부터 2000년에 10억 달러 혹은 그 이상의 가치로 평가받은 미국 비공개 기업 가운데 몇몇 업체들만 현재 존재할 뿐, 대부분은 상당한 가치를 잃었고 소리 소문 없이 사라졌다. 앳홈@Home은 1999년에 익사이트Excite와 합병했으나 2001년에 파산했다. 세레바 네트웍스Cereva Networks는 2002년에 폐업했다. 이토이즈eToys는 2001년에 파산했다.

이러한 결과에도 불구하고, 투자자들은 여전히 핀터레스트의 치솟는 사용자 증가율, 매월 사이트에 접속하는 2천만 명의 순방문자 수 등에 눈이 멀어 있다. 컴스코어ComScore Inc.에 따르면, 이러한 수치는 핀터레스트가 가장 빠르게 성장하는 최고의 사이트임을 보여준다. 하지만 핀터레스트는 사실상 수입이 적다.

페이스북은 어떨까? 2013년 1월 초, 페이스북의 주식은 약 31달러로 평가되었다. 하지만 맥케이의 저서를 읽어본 사람이라면, 페이스북의 주식가격인 31달러는 현실보다는 과대광고와 투기에서 비롯되었다는 사실을 알게 될 것이다.

이렇게 과장된 가치로 인해 득을 보려는 사람들은 투자자들로 하

페이스북의 주식은 예상수익보다 40배 비싼 가격에 거래되었다. 구글과 달리 수익 성장을 발생시키는 탄탄한 비즈니스 모델을 보여주지 못하고 있음에도, 사람들은 페이스북에 맹목적으로 투자하고 있다.

여금 페이스북을 차세대 최고의 테크놀로지 기업으로 믿게 만들 것이다. 사실 페이스북은 광고를 판매하고만 있어서 구글 같은 테크놀로지 기업으로 발전하기는 힘들 것 같다. 게다가 최근 제너럴 모터스 General Motors 는 "페이스북 광고가 자동차 판매로 이어진다는 증거가 없다"는 이유로 광고를 중단했다.

페이스북은 그저 '대중의 광기'를 보여주는 가장 최근의 사례일 뿐이다. 돈을 벌기 위해서는 고된 노력과 위험 감수를 필요로 한다. 하지만 상당수의 사람들이 그러한 규칙은 더 이상 자신들에게 통용되지 않는다는 망상에 빠지고 있는 것처럼 보인다. 그렇다면, 소셜 네트워크 서비스 관련 기업들은 앞으로 어떻게 될까?

첫째, 페이스북은 IPO 이후 대중의 기대에 부응하지 못할 것 같다. 페이스북의 2011년 주가수익률은 40이었는데, 이는 페이스북의 주식이 회사의 다음 해 예상수익보다 40배 비싼 가격에 거래된 셈이었다. 이와 대조적으로 구글Google의 2011년 주가수익률은 11이었는데, 구글은 수익성에서 입증된 실적을 보유하고 있으며 수익 성장을 발생시키는 탄탄한 비즈니스 모델을 갖추고 있다. 반대로 페이스북은 물건을 사는 것이 아니라, 친구와 연락하기 위해 사이트에 방문하는 9억 명의 사용자들로부터 돈을 벌어들일 실질적인 방법을 아직까지 찾지 못하고 있다. 해결책을 마련하고자 최근 '페이스북홈'을 공개한 직후에 페이스북의 주가는 3% 상승했다. 하지만 며칠이 지나자 다시 하락세를 보였다.

현재 페이스북은 지금부터 10년 후까지 주요 고객이 될 10대 청소년에게 외면당하고 있다. 10대의 전반적인 트렌드를 반영하지 못해 텀블러Tumblr 이용자가 페이스북을 추월했고, 인스타그램Instagram과 스냅챗Snapchat이 인기몰이를 하고 있다. 페이스북이 10대를 사로잡지 못하는 이유는 다음과 같다. 우선 페이스북은 과도한 실명 정책을 유지하고 있다. 친구들에게 무언가를 자랑하고 싶어 한다면 자신의 실명을 공개하는 이 정책이 유리하겠지만, 10대들은 텀블러처럼 자신의 실체를 드러내지 않고 여러 개의 계정을 만들어 용도에 맞게 사용하는 것이 더 낫다고 생각한다. 지금의 10대들은 온라인 공간에서 익명성을 추구하고 있기 때문이다. 이러한 10대들은 확인 후 메시지 자체가 사라지는 스냅챗에도 몰리고 있다.

아직도 세계 최고의 소셜 미디어 서비스는 페이스북이고, 10대에서 20대 초반 이용자들 중 상당수가 페이스북을 많이 사용하고 있지만 이들이 나이가 들어 주요 고객이 된다면 상황이 달라질 수 있다. 향후 몇 년 동안은 페이스북의 영향력은 상당하겠지만, 10대 고객들의 요구에 부합하지 않으면 5년 안에 사라질 것이다.

제3부

산업기술

제조업의 패러다임이 바뀐다

16. 마인드 리딩, 마음을 읽는 기계가 등장한다 17. 스마트 머신, 새로운 일자리를 창출한다 18. 생분해성 플라스틱, 신소재 플라스틱에 주목하라 19. 무인자동차, 새로운 기술 혁명이 밀려온다 20. 케마티가, 화학인터넷이 모든 산업을 변화시킨다 21. 북극자원, 수백억 배럴의 원유에 주목하라 22. 석탄가스화 복합발전, 청정화력발전이 대세로 떠오른다

16 마인드 리딩, 마음을 읽는 기계가 등장한다

역사가 시작되어 지금에 이르기까지 인류는 대부분 손과 발, 목소리, 심지어 얼굴 표정을 통해 주변 환경과 교류해왔다. 그리고 이제는 뇌과학이 IT 기술과 융합해 인류의 역사를 새롭게 바꾸고 있다.

1950년대 말에 한 번에 뉴런neuron, 신경계를 이루는 기본세포 1개를 기록하기 시작한 이후, 오늘날에는 수백 개의 뉴런이 동시에 활동하는 것을 기록하는 수준으로 발전했다. 1950년대 이래 실행된 동물이나 인간의 뉴런 활동을 기록한 56개의 메타 분석 연구에서, 시카고재활연구소Rehabilitation Institute of Chicago는 뇌과학 기술은 7년마다 2배씩 성장했다고 밝혔다.

이처럼 마인드 리딩 기술이 발전하게 되자, 언제든 두뇌에서 일어나는 일을 더욱 잘 이해할 수 있게 되었다. 시카고재활연구소의 과학자들은 뇌졸중이나 척수손상으로 손상된 두뇌의 연결부를 복구하는 획기적인 연구에 참여했다. 뉴런에서 얻은 데이터를 활용하고 뇌-기계 인터페이스, 기능적 전기 자극 치료기 그리고 가상현실과 같은 최첨단 기술을 이용해 손상된 두뇌의 연결부를 복구하고 있는 것이다.

또 다른 연구는 두뇌에서 얻은 정보를 기록하고 자연스러운 뉴런 활동을 모방할 수 있다는 것을 입증하고 있다. 텔아비브대학교 Tel Aviv University 연구진은 뇌가 손상된 쥐에게 로봇 소뇌를 성공적으로 이식했고, 쥐는 곧 운동 능력을 회복했다. 로봇의 소뇌 안에 있는 칩은 뇌간으로부터 감각정보를 받아들이고 해석하며, 두뇌와 신체 사이에서 의사소통을 가능하도록 고안되었다. 놀랍게도, 이 로봇 소뇌를 이식한 쥐는 자극에 반응할 때마다 눈을 깜빡였다. 손상된 뇌 기능이 회복된 것이다.

그런데, 마인드 리딩 기술을 부정적으로 바라보는 이들도 있다. 누군가 우리의 생각을 엿본다거나 아이디어를 훔친다거나 하는 비도덕적인 측면만 생각하기 때문이다. 하지만 이 기술은 우리의 삶을 보다 편리하게 만들 것이다. 팔다리 등을 잃은 장애인들의 운동 능력을 되찾아줄 것이고, 인간을 대신해 여러 일을 대신할 수 있기 때문이다.

일례로, 캘리포니아대학교 버클리캠퍼스 University of California in

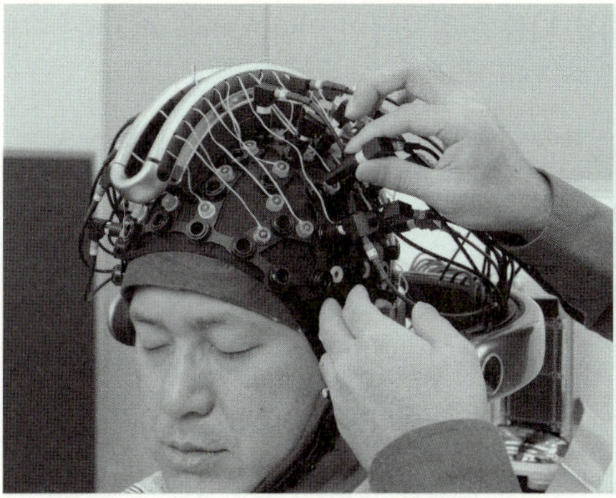

캘리포니아대학교 버클리캠퍼스 연구진은 뇌졸중 환자들이 언어 능력을 회복하는 데 도움을 주는 연구를 하고 있다.

Berkeley 연구진은 뇌손상을 입은 환자들이 다시 말할 수 있도록 도움을 주기 위해 연구해왔다. 그들은 환자들이 언어를 들을 때 두뇌가 형성하는 전기적 활동의 복잡한 패턴을 해석한 다음, 그 패턴을 다시 원래의 언어와 매우 근사한 형태로 바꿀 수 있다는 점을 입증한 것이었다. 환자들이 5분 내지 10분 동안 대화를 듣는 동안 두뇌 표면에 붙인 전극의 전자 텔레파시를 활용해 두뇌 활동이 기록되었다. 그런 다음 환자가 단어를 들었을 때, 환자의 두뇌 활동을 컴퓨터 프로그램이 분석했고 연구진은 이 단어를 추론할 수 있었다.

신경과학자들은 두뇌가 발음된 단어를 전기 활동의 패턴으로 변환시킨다는 것을 오래전부터 눈치 챘다. 캘리포니아대학교 버클리캠퍼스 연구진은 이런 패턴을 원래의 소리로 다시 변환할 수 있다는 것을 입증했는데, 이는 뇌졸중 환자들이 언어 능력을 회복하는 데 큰 도움이 될 것이다.

마인드 리딩 기술은 미래 자동차를 개발하는 데도 적용될 수 있다. 베를린자유대학교Freie Universitat Berlin 오토노모스 혁신연구소AutoNOMOS Innovation Labs에서는 컴퓨터로 조종되는 자동차를 운전자의 뇌파를 측정하는 신규 센서 인터페이스와 연결시켰다. 컴퓨터는 두뇌가 '좌회전, 우회전, 가속, 정지'와 같은 명령을 내리면 두뇌의 생체전기 파동을 해석하도록 훈련을 받았다. 연구진은 운전자가 직접 핸들을 돌리거나 브레이크를 밟지 않아도 그의 의도에 따라 작동하는 자동차를 만들고 있다.

한편, 워싱턴대학교 의과대학 세인트루이스캠퍼스Washington University School of Medicine in St. Louis의 과학자들은 큰 목소리로 말하거나 머릿속에서 생각해서 컴퓨터 화면의 커서를 제어할 수 있다는 사실을 입증했다. 이 연구에 참가한 사람들은 특정 언어를 생각하거나 말해서 컴퓨터 커서를 조정하는 법을 빠르게 습득했는데, 이는 인터페이스를 인식하도록 프로그램된 뇌파 패턴을 만들었다.

워싱턴대학교의 에릭 류사트Eric Leuthardt 박사는 "우리는 말한 소리와 머릿속으로만 생각한 말을 구분할 수 있으며, 이는 진정으로 생각의 언어를 읽기 시작했다는 점을 의미합니다. 이것은 마음속으로 무슨 생각을 하고 있는지를 감지하는 '마인드 리딩'이라 불리는 선례 가운데 하나입니다"라고 말했다.

듀크대학교 신경공학센터 Duke University Center for Neuroengineering 연구진은 원숭이 두 마리에게 뇌 활동만으로 가상 아바타의 손을 움직이도록 훈련시켰다. 이 연구에는 '피드백'이라는 중요한 요소가 첨가되었다. 가상 물체의 감촉은 전기 신호 패턴으로 원숭이의 뇌에 전해졌고, 원숭이들은 가상 물체를 파악하고 구분할 수 있었다.

이러한 기술은 각종 부상과 뇌졸중을 당한 환자들의 삶을 바꿔놓을 수 있다. 일례로 워싱턴대학교의 연구결과는 운동 능력을 잃은 사람이 로봇 팔을 부착하면 정상적으로 활동할 수 있다는 엄청난 가능성을 제시한다. 듀크대학교 연구진은 심각한 장애를 입은 환자도 로봇형 외골격을 부착하면 생각을 통해 움직일 수 있을 뿐만 아니라 외부로부터 촉감과 모양까지 인지할 수 있다고 발표했다. 듀크대학교의 연구에 영향을 받은 시카고대학교 University of Chicago

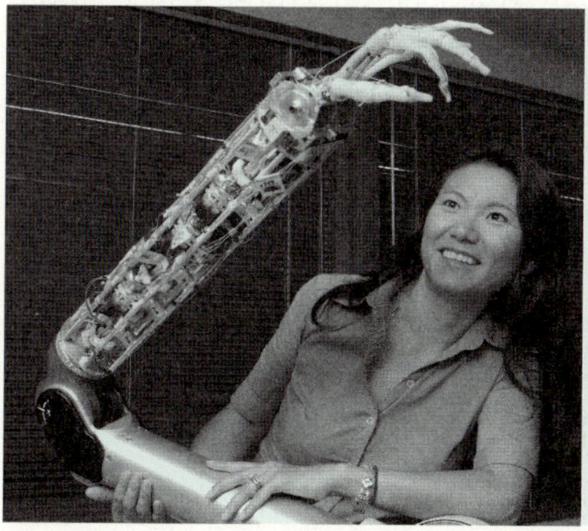

로봇형 외골격은 장애인에게 도움을 줄 뿐만 아니라 인간이 견딜 수 없는 극도의 환경에서 탐사나 자원채굴 등을 가능하게 만들어줄 것이다.

연구진은 움직임에 대한 운동감각 피드백 정보와 로봇 팔의 공간 위치에 대한 정보를 더하면, 뇌-기계 인터페이스를 사용하던 원숭이는 팔을 다루는 운동 감각을 상당히 향상시킬 수 있다는 점을 입증했다. 이로 인해 셔츠 단추를 잠그거나 걷는 일들이 훨씬 쉬워질 것이다.

또 다른 주목할 만한 연구는 메릴랜드대학교University of Maryland에서 이루어지고 있다. 연구진은 비외과적인 방법으로 뇌파를 읽을 수 있는 브레인 캡을 개발했다. 과거의 과학자들은 인간의 유용한 두뇌 활동을 충분히 탐지하려면 뇌에 직접 센서를 달아야 한다고 생각했다. 하지만 뇌와 센서 사이에는 두꺼운 두개골이 가로막고 있어서 외과적인 수술을 해야 했고, 이 방법은 너무 위험했다. 메릴랜드대학교 연구진은 외과적인 수술을 하지 않고서도 센서를 연결할 수 있는 브레인 캡과 인터페이스 소프트웨어가 머지않아 컴퓨터, 로봇 의족, 전동 휠체어, 심지어 디지털 아바타를 다룰 것이라고 내다보았다. 비외과적인 방법으로 뇌파를 읽어내는 이러한 방식은 신체건강 및 정서적으로 해롭지 않아서 많은 사람들의 관심을 끌고 있다.

이와 비슷한 연구는 미시건대학교University of Michigan 에서도 개발 중이다. 연구진들이 만들어낸 뇌와 외부 기기를 연결하는 삽입 물질은 피부 속에 위치하지만, 피질을 침투하지는 않는다. 피부는 두뇌에서 컴퓨터에 신경 신호를 무선으로 전송하는 전도체 역할을 한다.

이러한 기술 발전을 고려한다면 앞으로 어떤 일이 일어날까?

10년 후 세계
Report

첫째, 지난 세기에 컴퓨터가 기술 혁명을 이끌었던 것처럼, 앞으로는 신경과학이 새로운 혁명을 이끌 것이다. 앞으로 10년 동안 뇌를 읽는 기술이 향상되어 무한한 잠재력을 지닌 두뇌의 기능과 원리, 발달 및 활동 등을 더욱 잘 이해할 것이다. 따라서 신경과학과 관련된 산업은 폭발적으로 성장할 것이다. 이러한 성장은 대기업은 물론 중소기업에도 큰 혜택을 줄 것이다. 신경 질환이나 사고로 장애를 앓게 된 사람들을 위해 로봇형 외골격을 조립해 판매하는 것은 대기업이 맡을 것이고, 로봇형 외골격과 관련된 부품들을 생산하는 것은 중소기업이 맡을 것이기 때문이다.

한편, 현재 단순히 자동차 범퍼와 타이어 등을 생산하고 있는 기업들은 앞으로 급성장할 무인자동차 시장에 대비하면 좋을 것이다. 오늘날 출시되는 대부분의 신차들에 안전주차용 센서가 기본으로 부착되어 있는 것처럼 앞으로는 인간의 뇌와 연결해주는 센서가 부착된 브레이크와 핸들 등을 생산하는 중소기업이 크게 성장할 것이다.

또, 신경과학은 로봇 기술과 융합되어 인간이 견딜 수 없는 극도의 환경에서 탐사나 자원채굴 등을 가능하게 만들어줄 것이다. 이 분야에 종사하는 근로자들은 산업재해를 덜 겪게 될 것이다. 반면에, 이들의 생명안전 수당은 지금보다 줄어들 수 있다.

둘째, 앞으로 10년 안에 키보드와 마우스는 과거의 산물이 될 것이며, 우리는 생각을 통해 기기와 소통할 것이다. 오늘날 우리가 사용하는 원시적인 인터페이스는 마인드 리딩 기술이 등장해 구식 기기가 될 것이다. 따라서 다양한 기능과 디자인을 자랑하는 키보드와 마우스 등을 생산하던 기업들은 역사 속으로 사라질 것이다.

또한 우리의 생각을 직접 알아내는 기계가 가전제품과 휴대폰 등 사실상 모든 기기들의 모습을 바꿀 것이다. 누군가에게 전화를 할 때에는 그저 그 사람의 이름을 생각하면 되고, 피자를 배달시키고 싶다면 '피자 배달'이라는 단어를 머릿속으로 떠올리기만 하면 될 것이다. 휴대폰은 알아서 전화를 걸어줄 것이며, 따끈따끈한 피자가 우리에게 배달될 것이다.

이처럼 생각만 하면 무엇이든 가능해지는 세상에서, 대중의 심리를 조종할 줄 아는 사람이 부자가 될 것이다. 최근 신경과학을 마케팅과 접목시킨 뉴로마케팅 Neuromarketing 이 마케팅의 대세로 떠오르고 있는데, 뉴로마케팅과 신경경제학 neuroeconomics, 신경과학과 경제학을 접목시킨 새로운 경제학 등을 공부하면 유능한 기획자나 마케터가 될 것이다. 뉴로마케팅과 신경경제학을 이용하면 광고, 포장, 유통 및 제품 디자인 등에 이르기까지 소비자의 구매욕을 자극시켜 매출을 높일 수 있다. 뉴로마케팅은 앞으로 10년을 지배할 새로운 마케팅 기법이 될 것이다.

17 스마트 머신, 새로운 일자리를 창출한다

지금 지구촌 곳곳에서는 청년실업이 점차 늘고 있다. 그 이유는 경기침체 때문이기도 하지만 보다 궁극적인 이유는 인간이 해오던 일을 기계가 대신하면서 수많은 일자리가 없어졌기 때문이다. 그렇다면 최근 일고 있는 '스마트 머신smart machines'의 물결은 우리에게 어떤 미래를 열어줄까?

30여 년 전, 전문가들은 일본이나 독일이 미국의 GDP를 넘어설 것이라 했다. 지금 그 예측은 완전히 잘못된 것으로 입증되었다. 이러한 예측은 왜 틀린 걸까? 원천 기술, 기술의 발전 속도, 그러한 기술이 경제에 접목되는 비율과 수준을 고려하지 않았기 때문이다. 한 국가의 경제를 정확히 알려면, 국가의 문화와 기업가 정신도 고려해야 한다.

금융위기, 대외부채 등 오늘날 미국이 안고 있는 문제는 한두 가지가 아니다. 하지만 미국은 오랫동안 기업가 정신과 혁신으로 발전해온 국가이다.

혁신적인 기술의 상당수는 하버드대학교 교수인 클레이튼 크리스텐슨Clayton Christenson이 '파괴적 혁신'이라 부르는 것으로, 이는 기존 모델과 솔루션을 보다 생산적인 것으로 대체하는 방식이다. 하지만 대부분의 혁신적인 기술은 처음에는 환영을 받지 못한다. 생산적인 기술이 결국 경제 전반에 걸쳐 실업을 야기할 것이라는 두려움 때문이다.

이러한 두려움은 산업혁명 초기에 새로운 기계들이 인간의 육체 노동을 앞지를 수 있게 되면서부터 생겨났다. 사람들은 이러한 기술이 인간을 퇴물로 만들 가능성이 높다고 여겼다. 하지만 역사가 입증하는 바와 같이 그런 일은 일어나지 않았다.

산업 혁명 당시, 산업계 전반에서 증기기관이 널리 이용되었다. 그러나 노동자의 수는 줄어들지 않았다. 오히려 더 많은 수의 노동자가 필요했다. 차이가 있다면 노동자의 체력이 아니라 손기술, 협동, 통찰력을 필요로 했다. 또한 커뮤니케이션, 창의력과 같은 정신적 기량이 더욱 중요시됐다. 지난 200년 동안 기술은 과거의 일자리를 없애는 동시에 새로운 일자리를 계속 창출해냈다.

이러한 효과를 극명하게 볼 수 있는 산업이 바로 농업이다. 1900

년대 초까지만 해도 미국 인구 가운데 절반이 농업에 종사하고 있었다. 오늘날 농업은 놀라울 정도로 효율적으로 발전했으며, 미국은 세계 최대의 식품 수출국이다. 현재 미국인들 중 3%만 농업 분야에서 일하고 있다. 농업에 종사하던 사람들 중 상당수는 가공처리공장, 유통센터, 운송회사, 식료품점과 같은 엄청난 규모의 식품산업으로 이동했다. 이들 기업들은 영업 및 마케팅 부서, 회계 등의 업무와 관련된 직원들을 고용해 대규모 산업으로 발전했다.

이처럼 인간이 하던 일을 기술이 대체하면서 수많은 일자리가 없어졌지만, 장기적으로 기술은 새로운 일자리를 창출했다. 따라서 '스마트 머신'은 앞으로 새로운 일자리를 창출할 것이다.

정부나 기업은 이제 다가오는 새로운 물결을 제대로 이해해야 할 것이다. 그래야 '경제 성장'과 '안정적인 일자리 창출'이라는 두 마리

세계에서 가장 똑똑한 체스 마스터 개리 카스파로프와 슈퍼컴퓨터 딥 블루가 경기를 벌이고 있다.

토끼를 동시에 잡을 수 있다. 그럼, 스마트 머신이 어떻게 활용될 수 있는지를 체스의 세계를 통해 살펴보자.

1997년 1천만 달러 상당의 슈퍼컴퓨터 딥 블루Deep Blue는 세계에서 가장 똑똑한 체스 마스터인 개리 카스파로프Garry Kasparov와 경기를 벌였다. 결과는 딥 블루의 승리였다. 세계 최초로 인간을 이긴 기계가 등장한 것이다.

그 이후, 컴퓨터와 인간이 짝을 이루어 경기에 참여했다. 최고의 체스 플레이어가 컴퓨터와 짝을 이루어 팀을 만들자, 세계 최강이 되었다.

인간과 기기의 이러한 결합은 각자가 보유한 핵심역량으로 서로의 부족한 부분을 보완하기 때문에 상당히 강력한 힘을 발휘하게 된다. 인간은 컴퓨터가 가장 약한 부분에서 가장 강하며 컴퓨터는 인간이 가장 약한 부분에서 가장 강하다. 컴퓨터는 방대한 수를 엄청나게 빠른 속도로 계산하는 데 강하고, 인간은 컴퓨터가 갖추지 못한 직관력과 창의력을 갖추고 있다. 이러한 차이가 결합하면 강력한 파트너십을 이룬다.

이를 비즈니스 세계에 응용하면, 스마트 머신은 단지 우리의 일을 대체하지만은 않을 것이다. 경제, 의학, 법률, 금융, 소매, 제조 등에 기술과 인간의 파트너십을 활용하면 새로운 기회를 얻게 될 것이다. 우리는 이러한 파트너십이 성과를 올리는 사례를 이미 보고 있다.

애플의 시리(왼쪽), 제퍼디 퀴즈 쇼에서 우승한 IBM의 왓슨 컴퓨터(오른쪽).

의료 전문가들은 질병을 진단하기 위해 '퀵 메디컬 레퍼런스Quick Medical Reference'라는 시스템을 활용하고 있다. 베이지안 네트워크Bayesian Network라 불리는 인공 신경망의 한 유형으로 운영되는 인공지능에 의존하는 이 시스템은 600여 가지의 주요 질병과 4천 가지의 관련 증상을 모델로 만들었다.

인공지능의 또 다른 형태는 상당히 개선된 음성인식 기능이다. 예를 들어, 의사가 지시한 말을 받아쓰는 일은 몹시 힘들지만 이제 이 작업을 기계를 이용해 효율적으로 할 수 있게 되었다. 애플Apple의 시리Siri는 강력한 음성인식의 또 다른 예다.

제퍼디Jeopardy! 퀴즈 쇼에서 우승한 IBM의 왓슨Watson 컴퓨터는 의료, 금융 서비스, 고객 상담 분야에 활용하기 위해 더 정교한 작업을 거치고 있다. IBM의 최종계획은 이 시스템이 인간과 협력해 특정 상황에 대한 적절한 질문과 대답을 하도록 만드는 것이다.

미국의 최대 전자제품 판매회사 베스트바이Best Buy는 '결과 중심의 업무 환경Results-Only Work Environment'이라는 프로그램을 실시하고 있다. 직원들에게 개인적인 니즈와 선호만을 바탕으로 언제 어디서든 일할 수 있는 자유를 부여하는 것이다. 이 프로그램을 실시한 이후 회사의 평균 생산성은 35% 증가했으며, 이직률은 90%나 감소했다.

10년 후 세계 Report

첫째, 앞으로 기업들은 인간과 기기의 파트너십을 성공적으로 활용할 것이다. 구체적으로 설명하자면, 이렇다.

- **컴퓨터의 속도와 인간의 통찰력이 결합한 프로세스가 만들어질 것이다.**
- **직원들의 창의성을 장려할 것이며, 창의적인 아이디어를 활용하기 위해 기술을 활용할 것이다.**
- **새로운 형태의 공동 작업과 상업이 정보기술을 활용하면서 가능해질 것이다.**
- **인간의 통찰력은 IT가 생성한 데이터에 응용되어 프로세스를 더 효과적으로 향상시킬 것이다.**

• IT는 인간이 개발하는 향상된 프로세스를 전파하는 데 활용될 것이다.

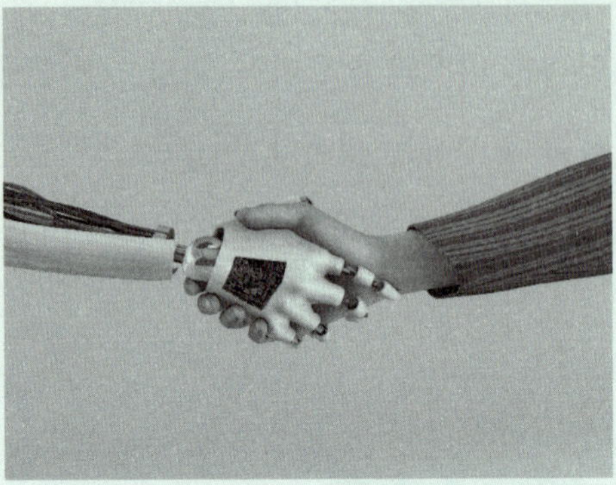

기술과 인간의 파트너십을 활용하면 새로운 기회를 얻게 될 것이다.

둘째, 스마트 머신이 넘쳐나는 시대에서 유능한 인재가 되려면, 기업가 정신과 창의력을 갖춰야 한다. 그러기 위해 노동자들은 끊임없이 자기계발을 해야 할 것이다. 인문서와 경제경영서를 읽으며 자기계발을 하고, 다양한 지식을 쌓고 사고력을 넓히기 위해 여러 모임에 참석하거나 전문가의 강연회에도 참석해야 한다. 이러한 활동을 끊임없이 하는 사람이 기계를 이용해 높은 부가가치를 창출할 것이다.

앞으로 10년 뒤 스마트 기기들은 새로운 틈새시장을 열어줄 것이다. 그로 인해 일자리 또한 자연스럽게 창출될 것이다. 현재의 기기, 업무 그리고 유통채널을 변경해 새로운 프로세스와 제품이 만들어질 가능성은 상당히 높다.

예를 들어, 디지털 패브리케이션digital fabrication 기술로 보다 빠르며, 쉽고, 경제적으로 실물 제품을 제작할 수 있게 될 것이다. 이 신기술은 소형 기업 또는 틈새 기업들이 소규모로 경쟁력 있는 제품을 디자인하고, 시장에 선보이는 기회를 제공할 것이다. 디지털 패브리케이션은 디지털 디자인을 실제 물건으로 변환하는 기술인데, 종이와 점토, 플라스틱 수지와 다양한 금속에 이르기까지 모든 것을 손쉽게 맞춤형으로 제작할 수 있다. 앞으로는 소비자의 취향이 다양해질 것이고, 단 1개의 제품도 맞춤형으로 생산할 수 있는 이러한 기술은 고도의 선별적인 주문 제작을 할 수 있도록 한다. 온라인 소매업자와 오프라인 소매업자들에게는, 맞춤형 생산과 서비스를 통해 경쟁우위를 확보할 수 있으므로 득이 될 것이다. 기초연구와 R&D 분야에서는 연구자들 역시 혜택을 볼 수 있는데, 특정한 차이를 지닌 수많은 원형이나 테스트 샘플을 제작할 수 있기 때문이다. 또한 디지털 패브리케이션은 지방이나 외진 지역에서는 완제품을 받아보는 데 드는 비용을 상당히 절감할 수 있다.

디지털 패브리케이션은 의료 분야 제조 기업들의 비즈니스 모델을 변모시킬 것이다. 사람마다 신체 모양이 다르기 때문에 수준 높은 주문제작을 해야 하는 기업에게 디지털 패브리케이션은 안성맞춤이다. 3D 프린터기를 사용해 만든 보청기와 치아 임플란트 등이 등장할 수 있다. 이미 디지털 패브리케이션 기술로 CT와 MRI 스캔을 3D 모델로 변환하는 데 성공했다. 앞으로 5~10년 뒤 인공 뼈, 혈관, 심지어 신장까지도 살아 있는 생체 조직을 층층이 쌓는 디지털 패브리케이션으로 제작될 것이다.

18

생분해성 플라스틱, 신소재 플라스틱에 주목하라

토머스 맬서스Thomas Malthus에서 파울 에를리히Paul Ehrlich에 이르기까지 많은 사람들이 "인구에서 점차 부유한 계층이 늘어나는데, 이들의 욕구를 채우기에는 전 세계의 자원에 한계가 있어 세금을 부과할 가능성이 있다"고 주장해왔다. 이들의 말처럼 모든 자원에는 한계가 있다. 하지만 인간은 신기술을 통해 새로운 자원을 창조했다. 세기가 바뀔 때마다 인류는 놀라운 발견을 일궈냈다. 그리고 이제 인류는 새로운 플라스틱을 만들어내고 있다.

지난 60년 동안, 플라스틱이 인류의 삶에 끼친 영향은 지대하고 앞으로도 클 것이다. 플라스틱 덕분에 지금부터 2030년까지 전 세계에서 30억 명이 중산층으로 진입하게 될 것이다. 비정질 금속, 탄

현재 거의 모든 분야에서 플라스틱이 사용되고 있다.

소 나노튜브 등 획기적인 신소재가 등장했는데도 불구하고 플라스틱 관련 산업은 여전히 호황이며, 많은 기업들이 새로운 플라스틱을 만들어내고 있다. 물론 플라스틱의 단점도 분명히 존재한다.

- 한계 강도
- 금속을 대신할 수 없는 전도성
- 긁히고 갈라지는 성향
- 2030년 이후 전 세계 중산층 30억 명의 니즈를 충족시키기 위한 공급 원료 부족
- 환경과 관련된 폐기 문제

다행스럽게도, 이 단점들 가운데 상당 부분에 대한 해결책을 이미 찾았고, 새롭고 획기적인 발전이 연속적으로 일어나고 있다. 일례로, 플라스틱의 단점 중 하나인 폐기 문제를 살펴보자. 플라스틱은 폐기된 이후 쓰레기 매립지에서 영원히 썩지 않는다는 문제가 있다. 이 문제를 해결하기 위해 과학자들은 최근 생분해성 플라스틱을 개발하고 있다. 목재에서 나온 화합물인 리그닌을 변형시켜 송진, 아마 섬유 및 여러 천연섬유를 첨가하면 재생 플라스틱을 만들 수 있다. 이 물질은 아보폼Arboform으로 불리는데 열성형, 발포, 또는 주형이 가능하다. 이 물질을 이용하면 내구성이 있으면서도 매립지에 묻히면 물, 부엽토, 그리고 이산화탄소로 분해된다.

또 다른 생분해성 플라스틱은 상파울로주립대학교Sao Paulo State University에서 개발하고 있다. 바나나, 파인애플 및 다른 미분 식물섬유에서 추출한 나노셀룰로스 섬유를 보강해 만든 이 물질은 석유를 원료로 만든 플라스틱보다 3배 내지 4배 정도 강하며 30% 정도 가볍다. 게다가 열과 화학물질, 물에도 더욱 강하다. 게다가 재생할 수 있으며, 생분해성이다.

또한 암스테르담대학교University of Amsterdam의 가디 로테베르크Gadi Rothenberg 교수와 알베르 알버츠Albert Alberts 박사는 재생 가능한 원료로 만든 새로운 열경화성 수지를 발견했다. 이 물질은 100% 생분해성이며, 독성이 없고, 인체에 무해하며, 경질 기포에서 유연하고 얇은 판에 이르기까지 다양한 성형이 가능하다. 이 새로운 열경

화성 수지는 유독성을 가지고 있는, 건설 및 포장에 사용되고 있는 폴리우레탄과 폴리스티렌의 안전한 대용물질이 될 것이다.

텔아비브대학교 화학대학 Tel Aviv University's School of Chemistry의 모쉬 콜 Moshe Kol 교수는 폴리프로필렌을 제조하는 과정에서 새로운 촉매제를 사용해 세계에서 가장 강한 플라스틱을 생산해냈다. 이 새로운 물질은 강철 및 수많은 일상용품을 만드는 데 사용되는 재료들을 대체할 수 있을 정도로 강하다. 자동차에 쓰이는 금속 부품을 폴리프로필렌 부품으로 교체하면 차체 무게가 가벼워질 것이고, 그렇게 되면 연비가 향상될 것이다. 게다가, 금속보다 저렴한 플라스틱은 제조비용을 줄일 수 있다.

또한 연구진은 사람들이 '플라스틱'이라는 말을 들었을 때 떠올리는 모든 것들과 반대되는 특성을 지닌 플라스틱을 개발 중이다. 예를 들면, 전도성을 띤 플라스틱을 개발하고 있다. 최근의 3가지 개발품은 다음과 같다.

호주 연구진은 저렴하고, 강하며, 유연하고, 전도성을 지닌 플라스틱 필름을 만들었다. 그들은 이온 빔을 활용해 금속 필름과 플라스틱 시트의 중합체 표면을 혼합했다. 이온 빔을 조절하면 플라스틱 필름의 전도율을 조절할 수 있다.

프랑스국립과학연구센터 CNRS와 스트라스부르그대학교 University of Strasbourg의 연구진은 나노미터 정도 두께의 전도성이 높은 플라스틱 섬유를 만들었다. 이 섬유는 가벼움과 유연성도 갖추고 있으며, 나

새로운 기술로 생산된 플라스틱은 기존의 플라스틱처럼 지구의 환경에 해를 끼치지 않고 자연 친화적인 모습을 보이고 있다.

노미터 규모의 미세 부품에 안성맞춤이다.

브레멘Bremen에 위치한 IFAM은 촘촘한 전도성 망 형태의 플라스틱을 만들었다. 이 플라스틱 망은 가벼우면서도 금속의 전기 및 열에 대한 전도율을 지니고 있다. 이 재료는 금속회로 판을 대신할 수 있는데, 부품이 단일한 업무단계에서 생산될 수 있기 때문이다. 이는 생산비와 재료의 무게를 상당히 줄일 것이다. 특히 자동차와 항공기 제조 기업들은 이 획기적인 재료를 활용할 것이다.

우리의 통념을 깨는 또 다른 플라스틱은 자가 회복력을 갖춘 플라스틱이다. 기존의 플라스틱은 긁히거나 금이 생기면 복구할 수 없는데, 자가 회복력을 지닌 플라스틱은 원상태로 복구할 수 있다. 빛에 노출되면 pH가 변화하거나, 온도가 높아지면 그 분열이 재결합된다. 이 새로운 플라스틱은 휴대폰과 노트북 컴퓨터, 자동차에 이르기까지 다양하게 이용될 것으로 예상된다.

최근 의료 분야에서 플라스틱은 금속 뼈 이식물질을 대신할 수 있게 되었다. 보라스대학교University College of Boras 연구원 카리 아이롤라Karri Airola는 플라스틱 이식물질이 우수한 이유를 다음과 같이 말했다.

"금속 이식물질을 사용할 경우에는 환자들이 이식물질을 교체하기 위해 또다시 수술을 받아야 한다는 위험이 따르기도 합니다. 섬유 합성물로 만들어진 이식물의 경우 이 위험은 줄어듭니다. 섬유 합성물의 특성은 뼈와 상당히 흡사하기 때문입니다."

아이롤라의 말에 따르면, 최근 이 합성 이식물이 사실상 뼈 조직과 함께 자랄 수 있다는 점이 입증되었다.

이러한 플라스틱 기술의 발전 속도를 볼 때, 우리는 다음과 같은 예측을 해볼 수 있다.

10년 후 세계
Report

첫째, 플라스틱 분야는 미국을 중심으로 발전될 가능성이 크다. 미국은 새로운 중합체와 합성물을 개발하고 합성하는 데 뛰어난 전문기술을 보유하고 있으며, 원료 공급 비용이 많이 들지 않아서 현재까지도 선두 자리를 유지하고 있다. 독일과 네덜란드는 화학 분야에서 뛰어난 기술을 갖추고 있지만, 노동력과 에너지가 부족해서 원료 공급 비용이 수십 년 동안 계속 증가할 것이다. 중국, 일본, 인도, 한국 등의 국가들은 원료 공급 비용의 측면에서 미국보다 불리하다. 더군다나 이들 국가의 전문지식 수준은 미국보다 상당히 뒤처져 있다.

하지만 이들 국가에서 현재의 문제점을 개선할 수 있는 방법을 내놓는 사람에게 행운이 따를 것이다. 원료 공급 비용을 낮추기 위해 미국 기업과 협력해 양질의 원료를 저렴한 가격에 얻거나, 대학에서 이 분야의 기술을 공부한다면 졸업 후 남들보다 유리하게 사회생활을 시작할 수 있을 것이다.

둘째, 새로운 플라스틱은 제조비용을 꾸준히 낮추는 데 도움을 줄 것이다. 최근 과학자들은 석탄을 사용하는 화력발전소에서 배출하는 이산화탄소를 줄이기 위해 가압 이산화탄소 기법을 연구하고 있다. 그런데, 이렇게 압축된 이산화탄소 부산물은 플라스틱을 제조하기 위해 석유를 원료로 하는 제품 대신 활용될 수 있다. 이러한 방법은 지구촌 최대의 관심사인 환경 문제와 플라스틱 원료 공급 비용 절감이라는 두 마리 토끼를 동시에 잡을 수 있는 좋은 방법이다. 화력발전소에도 환경 친화적인 이 방법은 유익하므로, 화력발전소 측을 잘만 설득하면 이산화탄소 부산물을 적은 비용으로 얻을 수 있을 것이다.

셋째, 새로운 특성의 플라스틱을 사용하는 3-D 프린팅은 새로운 산업을 양산할 것이다. 앞으로 3-D 프린팅은 고속 조형 및 플라스틱 부품 제조 분야에서 중요한 역할을 할 것이다. 이는 거의 무한할 정도로 비용 면에서 효율적인 주문 제작을 가능하게 할 것이다. 이 기술은 치의학, 재생의학, 조직공학, 주문제작 보철 이식물 부문에서 생산비용을 줄여주어 각광받을 것이다. 3-D 프린팅 관련 산업은 앞으로 10년 동안 크게 성장할 것이므로, 3-D 프린팅 관련 회사를 창업하거나 이러한 회사에 취업할 것을 권한다.

19 무인자동차, 새로운 기술 혁명이 밀려온다

지난 100년의 세월을 거쳐, 자동차는 오늘날 전 세계 중산층의 상징이 되었다. 자동차는 이제 단순한 이동 수단에 그치지 않고, 운전자의 개성까지 표현해주고 있다. 그리고 더 안전하고 효율적인 '운전자 없는 자동차'의 시대가 빠르게 다가오고 있다.

불과 한 세대 만에, 자동차 기술이 비약적으로 발전했다. 차선이탈방지 기능과 자동주차 기술 등은 여전히 고급 승용차에 탑재되고 있지만, 자동 기어, 파워 윈도우, 에어백 등은 소형차에도 탑재되고 있기 때문이다. 「비즈니스위크Businessweek」 지에 따르면, 이러한 기능에 대한 수요가 미국에서만 480억 달러의 규모로 성장했다.

최근 자동차 기술은 대부분 운전을 보다 편하게 하기 위한 기능들이 추가되면서 발전해왔다. 즉, 사람이 자동차를 직접 운전한다는 전제하에 개발된 것들이다. 하지만 조만간 우리는 자동차가 스스로 운전하는 세상에서 살게 될 것이다.

이미 수십 년 전부터 사람들은 '운전자 없는 자동차'를 상상했다. 영화와 텔레비전 SF 시리즈에는 무인자동차가 등장했다. 이렇게 상상으로만 존재했던 무인자동차는 점차 현실화되고 있다. 그 이유는 다음과 같다.

첫째, 무인자동차에 대한 수요가 늘고 있다. 인구의 고령화로 인해 상당수의 인구가 조만간 나빠진 시력과 떨어지는 반사신경으로 운전하는 데 어려움을 느끼게 될 것이다. 최근 조사에 의하면, 미국인 중 16세에서 34세가 운전하는 비율이 근 10년 사이에 23% 정도 떨어졌다. 노령 운전자들이 그만큼 더 큰 비중을 차지하고 있기 때문이다.

쉐보레에서 개발하고 있는 무인자동차.

둘째, 모든 연령대의 운전자들이 핸들을 돌려서 운전하는 것에 불편함을 느끼고 있다. 이미 자동주차 기술, 추돌방지 시스템 등 컴퓨터로 통제되는 자동차를 이용한 사람들은 지능형 이동 시스템을 편안하게 받아들이고 있다.

셋째, 무인자동차의 핵심 기술이 현재 상당한 궤도에 올라섰다. 사물인터넷과 GPS 기술 덕분에 자동차 스스로 현재 어디를 달리고 있으며, 주변의 다른 자동차는 어떤 상황에 처해 있는지를 인지하는 수준에 이르렀다. 구글 맵이나 스트리트 뷰와 같은 방대한 지도 데이터베이스는 자동차가 스스로 랜드마크를 인지하고 그것을 GPS 데이터와 맞추는 능력을 가속화하고 있다.

최근 자동차 제조업체들은 무인자동차를 개발하는 데 박차를 가하고 있다. 포드와 폭스바겐, BMW, 메르세데스 벤츠, 볼보, 캐딜락, 아우디, 현대 등 세계 유수의 자동차 제조업체들은 이미 이러한 개발에 뛰어들어 상당한 실적을 쌓고 있다. 이들은 현재 다양한 형태로 연구를 진행하고 있지만, 핵심은 비슷하다. 도로 위의 자동차 위치, 보행자와 장애물의 위치, 다른 자동차와의 간격 등을 파악하기 위해 GPS와 카메라, 레이저, 레이더 등을 이용하고, 모든 데이터를 연계하고 실시간으로 자동차가 반응하도록 고성능 컴퓨터 프로세서를 사용한다.

무인자동차의 초기 버전들은 다음과 같다. BMW의 엔지니어들은 위험한 곡선에서는 45마일, 직선도로에서는 75마일의 속도로 안전

몇 년 전부터 현대자동차는 해마다 무인 자율주행 자동차 경진대회를 열고 있다.

하게 스스로 운전하는 3시리즈를 개발했다. 구글은 프리우스를 개조해 지붕에 광선 레이저를 장착한 자동차를 선보였다. 구글 무인자동차는 지붕 위에 달린 레이저 장치가 다른 차와 보행자의 위치를 파악하고, 백미러에 달린 카메라는 신호등을 감지하는 식으로 스스로 목적지까지 찾아간다. 이 자동차의 시험 주행거리는 지구 12바퀴에 해당하는 48만㎞를 넘어섰다. 그동안 사고는 단 한 건도 없었다. 갑자기 다가오는 빛이나 움직임이 감지되면 속도를 순간적으로 낮춰 만일의 상황에 대비하기 때문이다. 더욱이 이 새로운 자동차는 교통위반 법규도 준수했다.

궁극적으로는 모든 도로에서 무인자동차가 달리는 시대가 열릴 것이다. 그러나 이러한 자동차가 시장에 출시되어도 처음에는 사람들이 운전대를 놓지는 않을 것이다. 무인자동차를 위한 자동조종

시스템이 구축된 전용 고속도로가 등장하기 전에는 그렇다. 구글은 최근 자동차가 자동으로 운전할 수 있는 데 필요한 시스템 도로를 고안해 특허를 신청했다.

폭스뉴스닷컴FoxNews.com에 의하면, 이 도로는 '자동운전지역'의 시작점을 알리기 위해 QR 코드와 비슷한 것을 이용한다. 자동차 지붕 혹은 도로에 그려 있는 QR 코드를 이용해 자동차에 탑재된 센서들이 그 코드를 식별하면, 시스템이 작동하게 된다. GPS로 정확한 위치를 확인하고 구글맵을 활용해 운전하는 방식이다. 무인자동차가 확산되면 전용 도로도 필요할 것이므로, 건설사들은 이러한 변화에 주목해야 할 것이다.

그렇다면 무인자동차는 세상을 어떻게 바꿀 것인가?

10년 후 세계
Report

첫째, 세계보건기구World Health Organization에 따르면, 매년 자동차 사고로 전 세계에서 5천만 명이 부상을 당하고 120만 명이 사망하고 있다. 미국 고속도로 교통안전국은 이러한 사망 사고의 60%가 운전자의 과실로 일어나고 있다고 밝혔다. 네바다 주의 교통국장 톰 야콥스는 무인자동차 기술이 적용된 구글의 프리우스에 탑승한 후 BBC와의 인터뷰에서 "자동 운전 모드에 있을 때, 자동차는 속도를 내지도 다른 차를 가로막지도 않았다. 그리고 다른 차를 바짝 붙지도 않았다"고 소감을 밝혔다.

무인자동차가 도입되면 교통사고를 90% 정도 줄일 수 있다. 미국자동차협회AAA가 미국에서 발생한 대형 교통사고 99건을 분석해본 결과, 사고에 따른 인명 피해, 차량 손실, 의료비, 소송비, 통행 지연 등으로 발생한 비용은 2,995억 달러약 319조 2,670억 원였다. 구글 역시 무인자동차가 상용화되면 교통사고를 90%까지 줄일 수 있다고 주장했다. 첨단 시스템이 장착된 무인자동차가 도입되면 졸음운전과 음주운전 등의 사고 원인이 제거돼 많은 교통사고를 방지할 수 있다. 무인자동차가 본격적으로 도입되면 고속도로 교통사고 사망자 중 3만 명의 목숨을 살릴 수 있다. 200만 건의 부상도 방지할 수 있다. 이렇게 절약되는 비용은 미국에서만 연간 4천억 달러에 이를 것으로 추정된다. 따라서, 오늘날 우리가 매년 비싼 돈을 들여 가입하고 있는 자동차보험은 보험료를 낮출 것이다. 보험료가 줄어든 만큼 우리의 연간 수익도 늘어날 것이다.

둘째, 시간이 절약될 것이다. 무인자동차는 우리를 교통지옥에서 벗어나게 해줄 것이다. 텍사스 A&M대학교 교통연구소에 따르면, 미국 대도시에서 교통정체로 낭비하는 시간은 연간 480억 시간이다. 그로 인해 낭비되는 연료만 720억 리터이다. 무인자동차로 향상될 생산성과 절약할 수 있는 연료비용을 합하면 1,010억 달러에 이른다. 다른 자동차들의 센서들을 추적할 수 있는 무인자동차는 다른 자동차들과 최소의 안전거리를 유지하고, 최대 제한 속도를 유지하며 달릴 수 있다. 또한 가장 최소의 이동 거리로 달리기 때문에, 교통체증이 사라질 것이다. 도로 위에서 허비하는 시간이 줄어들면 경제적으로 큰 이익이 될 것이다. 자동차로 출퇴근하는 사람들은 연료비를 절감할 수 있고, 출퇴근 시간도 크게 줄일 수 있을 것이다.

그런데, 무인자동차가 처음 등장하면 일반 자동차에 비해 가격이 비쌀 것이다. 그래서 이 기술은 처음에는 고급 승용차에만 적용될 것이다. 그렇다면, 이러한 고급 승용차를 그저 그림의 떡을 보듯 바라보기만 해야 할까? 자동차 운전자들의 하루 중 자동차 이용 시간은 5% 이하이다. 이처럼 적은 시간만 운전하는데도 비싼 자동차를 구입한다면 분명 손해일 것이다. 앞으로 자동차 영업사원들은 이러한 소비자의 부담을 줄여주는 식으로 판매전략을 바꿔야 할 것이다.

최근 경기불황으로 '소유의 경제'보다 '공유의 경제' 쪽으로 트렌드가 옮겨가면서, 렌터카를 이용하는 사람들이 늘고 있다. 렌터카 시스템을 이용한다면 소비자를 사로잡을 것이다. 무인자동차는 오늘날의 콜택시처럼 자신을 호출하는 사람에게 스스로 달려갈 수 있다. 따라서 자동차를 이용하고 싶은 사람은 언제 어디서든 차량을 이용하고, 시간과 거리에 따라 사용료를 지불할 수 있다. 이러한 렌터카 시스템을 적용하면 비싼 차량구입비 때문에 고민하는 소비자들을 사로잡을 수 있을 것이다.

셋째, 주차비 문제를 해결해줄 것이다. 오늘날 전 세계 주요 대도시에서는 공항과 백화점, 빌딩 등 어디를 가더라도 주차비를 내야 한다. 하지만 무인자동차를 이용하면 주차비 걱정을 하지 않아도 된다. 앞에서 소개한 렌터카 시스템을 이용한다면, 목적지에 도착하면 사람은 내리고 무인자동차는 자신을 호출하는 또 다른 사람에게 달려간다. 주차를 하지 않고 다른 곳으로 출발하니 주차비를 내지 않아도 될 것이다.

한편, 무인자동차가 확산되면 앞으로 들어설 신축 건물들에는 주차장을 상대적으로 작게 만들어도 될 것이다. 주차장 공간이 줄어들면 필연적으로 건축비용이 줄어들 것이므로 건설회사에게는 유익할 것이다. 반면에, 주차장이 줄어들면 주차관리를 하는 사람들의 일자리는 줄어들 것이다.

넷째, 업무의 효율성이 높아질 것이다. 무인자동차가 널리 보급되면 사람들은 더욱 생산적으로 변모할 것이다. 2020년 중반이 되면 모든 자동차 좌석은 전면을 향하는 것이 아닌 탑승자들이 서로 얼굴을 마주보고 이야기하고 회의할 수 있도록 디자인이 변할 것이다. 중간에 책상이 놓일 수도 있다. 핸들을 잡는 동안 다른 일을 못 했던 운전자들은 사무실이나 집에서와 마찬가지로 차 안에서도 일에 집중하거나 피곤을 달래기 위해 숙면을 취할 수도 있다.

다섯째, 무인자동차를 이용하면 상당히 안전하다는 평가에도 불구하고, 수동 모드의 운전 기능은 여전히 자동차에 탑재될 것이다. 왜냐하면 우리가 사는 세상에서는 항상 '만약'이라는 상황이 생길 수 있기 때문이다. 천재지변으로 무인자동차 시스템이 마비되거나 테러리스트나 적대 국가의 전자파 공격, 혹은 태양풍의 피해로 시스템이 마비되는 사태가 일어날 수도 있다. 따라서 운전면허증은 가까운 미래에도 필수적으로 따야 할 것이다.

여섯째, 무인자동차 회사는 개인의 프라이버시 문제를 해결해야 한다. 오늘날 우리는 하루에도 몇 번씩 스팸 메일과 전화 등을 받고 있다. 이것들은 대부분 우리의 개인정보를 상업적으로 이용하기 위해 다른 기업에 개인정보를 제공하는 대기업이 있기 때문이다. 구글의 무인자동차 시스템은 우리의 모든 움직임을 추적하고 거주지와 도착지 등의 데이터를 저장할 수도 있다. 그래서 소비자 단체인 컨슈머 워치독Consumer Watchdog은 캘리포니아 주의 입법 책임자들에게 구글의 자동차 시스템이 마케팅이나 그 외의 목적으로 데이터를 수집할 수 없게 할 것을 촉구했다. 이러한 소비자의 요구도 수용할 수 있는 기업이 되어야 소비자의 선호도를 높일 것이다.

20 케마티카, 화학인터넷이 모든 산업을 변화시킨다

역사상 최초로 화학 분야의 신기원이 이루어지고 있다. 케마티카 Chematica로 불리는 새로운 시스템이 전 세계 화학자들의 모든 지식을 쿼리 query, 정보 검색을 위해 설계된 전용 언어 및 인공지능과 결합시키고 있다.

케마티카로 인해 화학자들은 새로운 화학적 화합물을 아주 간단하게 형성할 수 있게 되었다. 화학 회사들은 중요한 화합물을 합성하는 데 수백만 가지의 가능성 중 가장 효과적인 단 하나의 방법을 얻게 됨으로써 수천만 달러의 비용을 절감할 수 있게 되었으며, 다른 회사의 특허를 침해하지 않고 혹은 시행착오 없이 안전하고 믿을 수 있는 화합물을 내놓을 수 있게 되었고, 독성 부산물을 만들지 않고 제품을 제조할 수 있게 되었다.

노스웨스턴대학교Northwestern University의 바르토츠 그리지보프스키Bartosz Grzybowski 교수와 그의 연구팀은 '통합 화학 브레인Collective Chemical Brain'이라는 소프트웨어 패키지를 개발했다. 이것이 바로 케마티카이다.

약 10년에 걸쳐 이 연구팀은 250년 동안 축적된 화학적 지식을 하나의 패키지에 넣는 프로그램 작업을 수행했다. 1천 7백만 개 이상의 물질에 대한 세부적인 정보들이 여기에 포함되었다. 이것은 단순한 빅데이터 이상의 의미를 지녔다. 케마티카는 화학자들이 화학물질과 그것의 반응들을 연구하고 분석할 수 있는 거대한 검색엔진이다. 그것은 새로운 화합물을 합성하는 데 사용되기도 한다. 소프트웨어에 화학과 관련된 8만 6천 개 이상의 법칙이 포함되어 있기 때문이다. 노스웨스턴대학교 연구팀은 화학적 합성과 그들 사이의 반응들에 관한 모든 알려진 사실을 연계함으로써 새로운 지식 플랫

노스웨스턴대학교 바르토츠 그리지보프스키 교수 연구팀은 화학적 합성과 그들 사이의 반응들에 관한 모든 알려진 사실을 연계함으로써 새로운 지식 플랫폼을 창출했다.

폼을 창출했다.

그리지보프스키 교수는 이러한 프로세스를 '과거나 현재에 수행한 화학으로부터 미래를 학습하는 것'으로 설명한다. 그는 "적절한 네트워크 알고리즘과 함께 우리는 화학반응의 네트워크를 관통함으로써 단지 소수의 반응이 아닌, 모든 가능성이 있는 화학 합성들을 검토할 수 있다"고 말했다. 케마티카 알고리즘은 객관적인 규칙에 의한 합성들을 정렬한다. 그 결과, 최소한 5가지의 혜택을 제공한다.

- **속도** Speed
- **혁신** Innovation
- **비용 절감** Cost Savings
- **생산성** Productivity
- **안전성** Safety

첫 번째 혜택은 '속도'이다. 이 지식 플랫폼은 0.1초 만에 10억 개 이상의 모든 합성을 검색할 수 있다. 그 결과, 이 프로그램은 가장 경제적이고 환경 친화적인, 혹은 가장 쉽게 구할 수 있는 화학물질을 이용하는 합성 경로를 선택할 수 있도록 해준다.

케마티카는 가장 빠른 합성이 무엇인지를 찾아주도록 설계되었기 때문에 다양한 화학반응을 하나의 단계로 통합하도록 한다. 이것은 단 한 번에 성공하는 원 포트one-pot 합성, 즉 연구자들이 '유기 화합물의 성배holy grail'라고 말하는 바를 실현시켜주는 것이다. 이것은 단 한 번에 바람직한 '최종 결과end result'를 생성시키는 것이다. 원 포트 합성이 어느 곳에서나 통용되면, 현재의 다단계multi-step 경로 관행을 넘어서는 엄청난 혜택을 가져다준다. 다단계 경로에서는 중간 단계 매개물질을 정제해야 하는데, 이로 인해 최종 결과물을 합성하는 데 전체 비용의 80%가 소모된다.

2단계의 화학 반응을 예로 들어보자. A화학물질이 B화학물질로 변환되고, B화학물질은 C화학물질로 변환된다. B에서 C로의 변환이 이뤄지기 전에, 대부분의 경우 B는 정제된다. 따라서 크로마토그래피 컬럼chromatographic column, 색층 분석 기둥 혹은 환경적으로 위험한 용제가 사용된다. 따라서 최종 결과에 도달하기까지 15단계를 거치는 것이 일반적이다. 그 과정에서 다른 화학물질들과 폐기물이 추가되고 시간도 더 소모된다. 당연히 비용도 상승시킨다.

케마티카를 사용하면 원 포트 시퀀스sequence, 순차를 단 몇 초 만에 검색하고 평가할 수 있다. 사실, 초기 버전이었을 때도 케마티카는 이미 1백만 개 이상의 알려지지 않은 원 포트 반응들을 보유하고 있었다.

그리지보프스키 교수가 세운 회사 'ProChimia'는 케마티카의 장점을 널리 알리고 있다. 이 회사는 51개의 제품을 생산하고 있는데, 케마티카 소프트웨어를 적극적으로 활용해 생산 과정을 개선했다.

그 결과 생산 비용을 45%나 줄일 수 있었다. 더불어 환경에 유해한 물질과 전체적인 폐기물의 생성량 또한 감소시켰다.

그리지보프스키 교수는 천식에 사용하는 의약품을 제조하면서 화합물을 간소화했다. 케마티카는 이 화합물의 4가지 단계가 하나로 결합될 수 있음을 예측했다. 그리고 실험해본 결과, 이러한 예측이 옳다는 결론을 내렸다. 이로 인해 두 배의 산출량을 생산하면서 중간 단계의 정제화 비용을 줄일 수 있었다. 다른 제약 회사들에서도 동일한 성공 사례가 계속 나타나고 있다.

이것은 케마티카가 또 다른 혜택, 비용 절감을 이루어준다는 것을 입증한다. 이러한 비용 절감은 다음과 같은 측면에서 매우 매력적이다.

케마티카로 인해 수천만 달러의 비용을 절감할 수 있게 되었으며, 다른 회사의 특허를 침해하지 않고 혹은 시행착오 없이 안전하고 믿을 수 있는 화합물을 내놓을 수 있게 되었고, 독성 부산물을 만들지 않고 제품을 제조할 수 있게 되었다.

- 투입되는 화학물질 비용의 절감
- 소요되는 시간의 절감
- 폐기물 처리 비용의 절감

케마티카를 활용함으로써 연구자들은 계획한 화학적 화합물이 실제 작업을 시작하기 전에 위험한지 아닌지를 확인할 수도 있다.

사실 케마티카는 숙련된 화학자들이 은퇴하면서 그들이 현업에서 쌓았던 엄청난 지식들이 사라지는 현실을 개선하기 위해 탄생하게 되었다. 모든 것들이 네트워크화되는 기술 혁명의 시대에서 화학 분야만 유독 네트워크화가 이루어지지 않고 있는 점을 개선하기 위해 케마티카가 등장한 것이다. 이제 케마티카는 '정보 기술의 강력한 힘'과 '화학 분야 전체의 지식'을 하나로 묶음으로써 우리에게 새로운 기회를 제공하고 있다.

그렇다면 케마티카는 제조업에 어떤 영향을 줄까?

10년 후 세계
Report

첫째, 적어도 5년 이내에 전 산업 분야에서 케마티카의 혜택을 받을 것이다. 이미 케마티카는 제약 산업에서 신약 개발을 하는 데 의미심장한 영향력을 행사하고 있다. 에너지 산업에서 케마티카는 효율적이고 환경 친화적인 연료를 개발하는 데 사용될 것이다. 플라스틱 산업은 화학 반응 실험과 생산물에 기반한 산업 분야이기 때문에, 실험 혹은 생산 단계를 더 간소화하면서도 비용을 낮출 수 있다. 더군다나 유해물질이 줄어든 플라스틱을 만들어내면 소비자의 관심을 끌 수 있다. 케마티카는 우주항공 산업과 자동차, 식품, 소매 분야에 이르기까지 전체 산업 영역을 변화시킬 만큼 새롭고 효율적인 물질들을 탄생하게 할 것이다.

둘째, 케마티카를 통해 모인 정보들은 유기물들의 3D 나노프린팅을 실현하는 데 큰 도움을 줄 것이다. 영국 글라스고우대학교 University of Glasgow 리 크로닌 교수는 1,200유로를 주고 구입한 3D 프린터를 가지고 유기물 재료를 이용해 자가 생산 home-grown 약품을 성공적으로 제조했다. 영국 「가디언 Guardian」 지와의 인터뷰에서 크로닌 교수는 "대부분의 의약품이 탄소, 수소, 산소로 이루어진 분자 구조이기 때문에, 이러한 유기물을 3D 나노프린팅 방식으로 자가 생산할 수 있다"고 밝혔다. 크로닌 교수는 화학 반응이 일어날 마이크로 튜브에 적절하게 배분된 유기물 재료들을 혼합함으로써, 개인에게 필요한 약품을 제조해내는 3D 컴퓨터의 미래를 내다보고 있다.

케마티카는 이러한 유기물 혼합물을 제조하는 데 필요한 정확한 레시피 recipes 뿐만 아니라 가장 빠르고 경제적인 제조 과정을 알려줄 것이다. 리 크로닌 교수는 콜레스테롤 저하제인 스타틴statins부터 설탕에 이르기까지 모든 것을 손쉽게 만들 수 있다고 말했다. 이러한 화학 분야의 새로운 방식을 켐퓨터Chemputer, Chemical+Computer라고 하는데, 이 방식으로 소규모 제조업체도 소비자가 원하는 제품을 손쉽게 생산할 수 있을 것이다.

21 북극자원, 수백억 배럴의 원유에 주목하라

북극 하면 우리는 척박한 자연환경을 먼저 떠올리지만 북극에는 풍부한 자원이 매장되어 있다. 앞으로 20년 뒤 북극 지방은 상업적으로 개발될 것이다. 다음과 같은 4가지 이유 때문에 세계 각국은 북극을 개발하려 할 것이다.

첫째, 북극 지역에는 엄청난 양의 석유와 천연가스가 매장되어 있다. 미국지질조사국United States Geological Survey에 따르면, 미개발 석유 중 13%, 미개발 천연가스 중 30%가 북극해 아래에 묻혀 있다.

둘째, 맥킨지글로벌인스티튜트McKinsey Global Institute가 발행한 '자원혁명Resource Revolution'이라는 보고서에 따르면, 철광석, 우라늄, 구리, 망간, 금과 같은 광물의 세계적인 수요는 앞으로 20년 동안 폭발적으로 증가할 것이다. 아직 개발하지 않은 북극 이외의 지역에 매장된 광물은 점차 채굴비가 증가하고 있거나, 정치적으로 불안정한 지역에 매장되어 있거나, 두 문제가 모두 혼재하고 있는 경우가 많다. 하지만 폴라리스 프로젝트 파트너스Polaris Project Partners의 보고서에 따르면, 북극 해저에는 엄청난 양의 금, 구리, 석탄, 다이아몬드, 철광석, 납, 아연, 니켈이 매장되어 있다. 이 자원은 빙하가 녹기 전에는 접근할 수 없었다. 로이드Lloyds-채탐하우스Chatham House의 '리스크 인사이트Risk Insight' 보고서에 따르면, 러시아는 이미 북극에서 25개의 광산을 발굴하고 있으며, 알래스카의 아연, 납, 금, 구리 수출은 2010년 해당 주의 해외 수출소득 중 40%에 육박했다.

셋째, 앞으로 북극은 세계 통상로가 될 것이다. 최근까지도 연중 내내 통과할 수 없었던 북극의 해상항로는 이제 여름에는 몇 달 동

북극 하면 우리는 척박한 자연환경을 먼저 떠올리지만 북극에는 풍부한 자원이 매장되어 있다.

안 개방된다. 북극을 통과하는 이 해상로를 이용하면 운송비와 시간을 엄청나게 줄일 수 있다. 최근 미국연안경비대U. S. Coast Guard는 베링 해협을 지나는 선박의 수가 불과 몇 년 전에 비해 2배나 증가했으며, 2011년에는 약 400회가량 통과했다고 발표했다. 이는 한 해 동안 10억 달러가 넘는 재화가 베링 해협을 통과했다는 뜻이다. 미국국립연구회의National Research Council가 실시한 연구에 따르면, 2030년까지 지구의 기온이 꾸준히 상승하고 빙하가 녹으면 선박이 1년 내내 북극을 통과할 수 있게 될 것이다.

넷째, 북극은 전략적인 군사 요충지이다. 북극은 가장 강력한 군사력을 가진 두 나라인 미국과 러시아가 국경을 접하고 있는 곳이다. 미국은 이미 핵잠수함을 북극에 파견한 상태이며, 다른 나라들은 그곳에서 군사훈련을 실시해왔다.

북극을 상업적으로 개발하면 앞으로 20년 뒤 지구온난화로 인해 발생하는 경제적 비용을 상쇄하고도 남을 것이다. 하지만 유럽연합, 러시아, 미국이 평화적으로 천연자원을 거둬들일 경우에만 그런 일이 가능할 것이다.

1982년에 UN은 '배타적경제수역법Exclusive Economic Zone, EEZ'을 만들었다. '모든 국가는 해안선으로부터 200해리 내에 있는 해저 또는 그 지하의 모든 천연자원에 대한 배타적 경제권을 갖는다'고 한 것이다.

이 조약에 따라 북극을 둘러싸고 있는 8개국미국, 캐나다, 러시아, 노르웨이, 덴마크, 스웨덴, 핀란드, 아이슬란드은 귀중한 자원이 매장되어 있을 가능성

미국지질조사국에 따르면, 미개발 석유 중 13%, 미개발 천연가스 중 30%가 북극해 아래에 묻혀 있다.

이 높은 방대한 해저에 대한 권리를 주장할 수 있다.

하지만 북극의 자원을 채굴하는 과정에서 환경 재앙을 피할 수는 없다. 예를 들어, 북극에는 최소한 900억 배럴의 원류가 매장되어 있을 것으로 추정되는데, 원유를 채굴하려면 드릴링 장비를 영하의 온도에서도 견딜 수 있도록 설계해야 한다. 또한 북극의 영구동토층이 녹고 있기 때문에 대지가 불안정하므로, 건물이 붕괴되거나 장비가 얼음표면 밑으로 가라앉지 않도록 예방해야 한다. 그리고 대량 원유유출 사고가 발생하게 되면 멕시코 만에서 원유유출 사건이 발생했을 때보다 더 심각한 문제가 발생할 것이다. 이러한 이유로, 전문가들은 북극의 원유 채굴 및 드릴링 비용이 텍사스보다 50% 내지 100% 정도 비쌀 것으로 예측한다.

이러한 고비용을 감안한다 하더라도, 원유와 천연가스, 금속 및 단거리 해상운송로를 포함해 북극 자원을 개발하면 세계 경제에 전례 없는 이득을 가져다줄 것이다. 로이드-채탐하우스의 리스크 인사이트 보고서는 앞으로 10년 동안 북극에 적어도 1천억 달러의 자본이 투입될 것으로 예측했다.

10년 후 세계
Report

첫째, 북극이 개방되면 앞으로 20년 뒤 세계 시장에 수십억 배럴의 원유가 제공될 것이다. 개발도상국에서 에너지 수요량이 공급량보다 많아지면서 더 많은 원유가 필요할 것이다. 그린 에너지원이라 불리는 태양열과 풍력 에너지로는 한계가 있으므로, 북극의 원유를 개발해야 할 것이다. 따라서 정유산업은 20년 뒤에도 몰락하지 않을 것이다.

둘째, 러시아는 앞으로 북극에서 원유를 채굴하기 위해 다국적 정유회사들과 제휴를 맺을 것이다. 러시아는 2030년까지 북극에서 40%의 원유를 채굴할 것이다. 엑손 모빌Exxon Mobile은 최근 러시아 기업 로즈네프트Rosneft와 함께 북극 유전을 개발하기 시작했으며, 셰브런Chevron은 러시아 천연환경자원부Russian Ministry of Natural Resources를 상대로 현재 외국 기업들에게 개방되지 않은 북극 일부지역의 석유자원 개발권에 관한 협상을 진행해왔다. 이 협상을 성공적으로 체결하게 되면 셰브런의 주가는 크게 오를 것이다. 한편, 한국의 경우 강원도 항만을 개발해 북극항로 시대에 대비할 필요가 있다. 러시아가 북극을 개발하면 아시아 및 유럽 등의 국가들은 한국의 속초항과 강릉항 등을 경유해야 할 것이다. 북극항로가 개척될 때를 대비해 부산항과 같은 국제적인 규모의 항구를 강원도에 개발해야 한다. 강원도에 거대 항만도시가 들어서면 수많은 일자리가 창출되고 지역 경제가 활성화될 것이다. 한국은 2013년 5월에 북극위원회 영구옵저버로 승격될 가능성이 매우 높은데, 그렇게 되면 북극 개발에 적극적으로 뛰어들 수 있을 것이다.

셋째, 몇몇 러시아 기업들은 북극을 상업적으로 개발해 이득을 얻을 것이다. 시티그룹Citigroup의 모스크바 사무소에 따르면 다음과 같은 기업들이 북극 개발에 참여하고 있다. 국영 석유회사 로즈네프트Rosneft는 북극 채굴 프로젝트를 위해 다국적 기업들과 제휴를 맺었다. 러시아 채굴기업 노릴스크Norilsk는 쇄빙선을 빌리는 데 많은 돈을 사용하지 않고 북극해를 통과하면서 채굴한 니켈과 구리를 운송하고 있다. 러시아 국영 해운사 소브콤플로트Sovcomflot와 러시아 최고의 천연가스회사 가스프롬Gazprom과 노바텍Novatek도 북극을 개발하고 있다. 이들 기업들과 제휴를 맺어

자원개발에 뛰어든다면 미래의 부를 거머쥘 것이다.

넷째, 오늘날 미국은 중동 지역에 군부대를 배치하고 있다. 미국은 북극에서 일어날 수 있는 새로운 충돌에 대비하기 위해 북극 지역에도 군부대를 배치할 것이다. 그러기 위해 미국은 북극 지방에 통신시설을 개설하고, 빙해를 자유롭게 운항할 수 있는 최첨단 군함을 새로 개발할 것이다. AP통신의 보도에 따르면 현재 미국 해군은 쇄빙선이 없어서, 담당 공무원들이 쇄빙선을 추가하려 하고 있다. 앞으로 북극에는 군사용 선박뿐만 아니라 유조선도 많이 등장할 것이다. 따라서 조선회사는 쇄빙 기능을 갖춘 선박을 생산하면 좋을 것이다. 북극의 원유와 천연가스를 운반하는 파이프라인을 개설하는 사업에 참여하는 기업에도 좋은 기회가 열릴 것이다.

다섯째, 최근 북극의 얼음이 예상보다 빠르게 녹으면서 겨울철 얼음 면적이 종전 최고치의 22%로 줄어들었다. 지구온난화로 인해 해수면이 상승하면 해안선이 변하게 되는데, 이는 국가 간의 갈등을 야기할 수 있다. 미국은 알래스카 해안으로부터 200해리 이내에 있는 원유 매장량에 대한 독점권을 가지고 있지만, 해수면이 상승하면서 앞으로 몇몇 지역은 그 경계를 넘어설지도 모른다. 이로 인해 국가 간의 분쟁이 발생하거나, 배타적경제수역법을 변경하려 할 수도 있다.

22 석탄가스화 복합발전, 청정화력발전이 대세로 떠오른다

북미 지역에서 천연가스와 원자력발전으로 생산하는 전력의 비율은 분명 증가하겠지만, 비용과 유용성을 생각해보면 화력발전을 능가하기는 힘들 것 같다. 물론 석탄 화력발전소는 유황 및 수은 등의 오염물질을 배출한다. 하지만 새로운 기술이 등장하면서 석탄의 가치가 재발견되고 있다.

지금까지 천연가스는 풍부하고 저렴한 에너지원으로 인정받아왔다. 몇 년 전부터는 더 안전하고 효율적인 4세대 원자력발전소가 등장하고 있다. 그리고 석탄이 장기적인 에너지 수요와 목표를 충족시킬 대안으로 새삼 주목받기 시작하고 있다. 석탄은 2가지 장점이 있다.

석탄을 태우는 화력발전은 환경오염이라는 부산물을 남겼지만, 신기술 덕분에 조만간 친환경적인 화력발전소가 들어설 것이다.

- 쉽게 활용할 수 있다.
- 비용이 낮다.

물론 석탄을 연소시키면 수은 및 이산화황과 같은 오염물질과 상당한 양의 이산화탄소가 배출되기 때문에 문제가 있다. 하지만 새로운 공학기술 덕분에 친환경적인 화력발전소를 건설할 수 있게 되었다. 이 새로운 기술은 다음과 같은 장점이 있다.

- 이산화탄소 배출량 감소
- 기타 오염물질 배출량 감소
- 급격하게 증가한 효율성

• 신기술에 도움을 주는 부산물 발생

새로운 두 가지 기술이 현재 상업화 이전 단계까지 개발되었고, 이 두 가지 기술은 모두 석탄을 태울 때 순수한 산소를 사용한다. 순수한 산소를 연소하는 기술의 이점은 오래전부터 인정받아왔지만, 산소와 질소를 분리하는 데 비용이 많이 들어서 최근까지도 상당한 장애요소였다. 하지만 새롭게 개발된 신기술들로 이 문제가 해결될 것 같다.

첫 번째 기술은 넷파워NET Power, 엑셀론Exelon, 도시바Toshiba, 쇼그룹The Shaw Group으로 구성된 컨소시엄에서 개발했다. 석탄가스화를 사용하도록 고안된 이 시스템은 현재 가장 효율적인 전력발전소의 성능을 능가하며, 가스 터빈과 그것의 배출열을 사용하는 증기 터빈을 활용한다. 넷파워의 기술자들은 배출가스에서 일부 이산화탄소를 가스 터빈으로 되돌려 증기 터빈을 없앴다. 그 결과 화력발전소는 효율이 불과 30%였던 이전의 가스 터빈 시스템과 비교했을 때 효율이 50% 이상 좋아진 상태로 가동되었다.

이 방법은 '고압, 초임계 상태 이산화탄소, 산소연료 동력 사이클'이라고 불리는데, 배기가스를 배출하지 않는다. 다른 동력발전 기술들이 배기가스를 배출하거나 값비싼 탄소포집에너지를 얻기 위해 사용되는 화석연료를 연소 또는 처리하는 과정에서 발생하는 이산화탄소를 대기 중에 방출하지 않고 포집하는 것 시스템을 활용하는 반면, 넷파워의 기술자들은 파이프라인-퀄

리티 pipeline-quality 의 고압 이산화탄소라는 주요 부산물을 만든다.

기존 발전소에서 배출되는 것과 비교해보면 이 부산물은 상대적으로 깨끗하다. 그러므로 플라스틱 병을 만드는 데 사용되거나 녹조류 algae 농장에서 생산한 상당한 양의 저렴한 동물성 사료를 파이프로 수송하는 폴리카보네이트 중합체를 제작하는 것을 포함해 여러 산업에 이용될 수 있다.

또한 고압 이산화탄소는 지하에 격리할 수도 있다. 담수 대수층보다 아래인 지하 1~3킬로미터에 위치해 있는 염대수층에 봉인할 수 있다. 최근 MIT 연구진이 실시한 연구에 따르면, 미국에서 발견된 염대수층은 전국의 화력발전소가 적어도 100년 동안 배출하는 이산화탄소를 저장할 만큼 넓다. 일례로, 일리노이 주 베이슨 Basin 에 위치한 마운트 사이먼 샌드스톤 Mount Simon Sandstone 저장소는 지하

일리노이 주 베이슨에 위치한 마운트 사이먼 샌드스톤 저장소.

2.1킬로미터 아래에 위치해 있다.

순수한 산소를 활용하는 두 번째 신기술은 매사추세츠 주 우스터Worcester에 위치한 써모에너지ThermoEnergy 사와 이탈리아 엔지니어링 회사 이테아Itea의 합자회사인 유니티 파워 얼라이언스Unity Power Alliance가 개발하고 있다.

이 방법은 산소에 압력을 가해 고온에서 연소시켜 석탄을 더욱 깨끗하고 효율적으로 태운다. 이는 가스의 정화작업을 간소화한다. 넷파워의 신기술과 마찬가지로, 이 기술도 다른 오염 가스와 더불어 고압 이산화탄소를 배출하긴 하지만 쉽게 포획된다. 그리고 이 방식으로 상당한 비용을 절감할 수 있다. 아역청탄이나 갈탄처럼 더욱 저렴한 저등급 석탄을 활용할 수 있기 때문이다.

이 방식은 불과 30분 만에 발전소의 생산량을 10%에서 100%까지 조절할 수도 있다. 석탄을 활용하는 기존 화력발전소는 대대적인 조절을 하려면 몇 시간이 걸리지만, 이 방식은 풍력 터빈이나 태양열 패널처럼 간헐적인 동력원과 더욱 잘 통합될 수도 있다.

이러한 신기술은 현재 '석탄가스화 복합발전Integrated Gasification Combined Cycle, IGCC'으로 불리며 주목받고 있다. 석탄가스화 복합발전은 석탄원료로부터 전기뿐만 아니라 수소, 액화석유까지 만들 수 있는 차세대 석탄발전 기술이다. 석탄을 가스화시켜 전기를 생산하는 친환경 발전 기술이다. 석탄 화력발전에 비해 효율성이 높고, 황산화물을 90% 이상, 질소산화물을 75% 이상, 이산화탄소를 25%

까지 절감시킬 수 있는 친환경적인 기술이기 때문에 세계 각국에서 개발에 힘쓰고 있다.

석탄가스화 복합발전은 2007년부터 미국과 독일, 네덜란드, 일본이 적극적으로 개발하고 있으며, 300MW급 발전소가 미국과 네덜란드 등에서 10여 년 전부터 시운전되고 있다. 한국의 경우 2006년 12월 산업자원부를 중심으로 300MW급 한국형 IGCC 설계 기술을 국산화하고 시험 발전소를 건설하기 위해 6천억 원 규모의 대형 프로젝트에 착수했다. 이 프로젝트에는 한국전력을 비롯한 두산중공업, 고등기술연구원, 서울대와 연세대, 한국과학기술원KAIST 등 20개 기관이 참가했다. 이 신기술 덕분에 우리는 다음과 같은 변화를 겪을 것이다.

10년 후 세계
Report

첫째, 석탄가스화 복합발전소는 정유 및 가스 산업에 도움을 줄 것이다. 지난 수십 년 동안 석유회수증진Enhanced Oil Recovery, EOR이라는 방법이 사용되어왔다. 미국 에너지부U. S. Department of Energy에 따르면, 미국에서 EOR 방식을 활용하면 약 840억 배럴의 원유를 찾을 수 있으며, 전 세계적으로는 5천억에서 1조 배럴가량을 찾을 수 있다. 그런데 이 방식은 이산화탄소의 비용이 많이 들어서 비효율적이었는데, 넷파워와 유니티 파워 얼라이언스의 기술이 이 문제를 해결해줄 것이다. 석탄가스화 복합발전소에서 발생한 가압 이산화탄소를 이용하면 이 문제가 해결될 것이고, 오래된 유전의 지하에 이산화탄소를 격리할 수 있으므로 모든 문제가 해결될 것이다.

둘째, 이 새로운 기술은 환경 문제를 해결할 뿐만 아니라, 사실상 에너지 비용을 줄여 경제 성장에 긍정적으로 기여할 것이다. 이 기술로 폐광들이 부활할 수도 있다. 한국의 강원도 태백시에는 석탄으로 전기를 생산하는 플라스마Plasma 석탄가스화 복합발전 설비가 들어설 것이다. 태백시 장성농공단지에 입주하게 될 그린사이언스는 저급 석탄을 합성 가스화해 친환경 고효율의 전기를 생산하는 플라스마 석탄가스화 복합발전 관련 특허기술을 보유하고 있는 기업이다. 그린사이언스의 1MW급 실험용 발전소는 500세대의 가정이 사용할 수 있는 전기를 생산하는데, 현재 태백시에 설치된 풍차 1기의 0.85MW보다 많은 전기를 생산한다. 이 기업이 본격적으로 발전소를 가동하면 신규 창업이 늘 것이고, 과거에 부흥했던 석탄산업이 부활할 것이다.

한편, 한국전력은 석탄가스화 복합발전에 주목하고 있다. 한국전력은 2011년 7월 14일 가스화공정 원천기술을 보유하고 있는 독일 우데Uhde 사와 함께 'KEPCO-Uhde Inc.'를 서울에 설립했다. KEPCO-Uhde Inc.는 2018년까지 세계에서 가장 효율적이고 경제성이 높은 하이브리드 석탄가스화 복합발전를 개발해 수출할 것이다. 한국전력은 2020년부터 연간 1조 200억 원 이상의 매출을 올릴 것이고, 이 신기술과 관련된 협력업체들은 호황을 맞을 것이다. 앞으로 이들 기업들의 구인광고를 발견한다면 입사 지원할 것을 권한다.

제4부

생명공학

제4의 물결이 밀려온다

2023
GLOBAL TREND

23 게노믹스, 2세대 맞춤의학 시대가 열린다

맞춤의학Personalized Medicine의 개념이 태동한 지 15년이 지났다. 부즈앤컴퍼니에서 발간하는 「스트래티지+비즈니스Strategy+Business」는 최근 '현재 우리는 1세대 맞춤의학 시대에서 살고 있다'고 발표했다. 현재의 1세대 맞춤의학은 환자가 이미 개발된 어떤 약물을 이용하면 효과를 얻을 수 있는지를 알아내는 수준에 머물러 있을 뿐이다.

앞으로는 2세대 맞춤의학 시대가 열릴 것이다. 그렇게 되면 제약회사는 약품 개발과 환자 진단을 동시에 할 수 있을 것이다. 제약회사 연구자들은 환자들을 세부적으로 분류할 수 있게 되어 그들의 특성에 따라 맞춤형 약물을 개발하게 될 것이다. 2세대 맞춤의학이 현실화되는 데 있어 가장 큰 장애물은 비용 문제인데, 다행히 비용은 급격하게 감소하고 있다. 얼마 전까지만 해도 역사상 최초로 인간 게놈 염기서열을 규명하는 데 30억 달러가 소모되었고, 인간 게놈 지도를 작성하는 데 수 년의 연구기간이 걸렸다. 하지만 이제 기술이 발전해 수천 달러의 비용으로 한 개인의 DNA 염기배열 정보를 얻을 수 있게 되었다. 이 추세라면, 2020년이 되면 300달러의 비용으로 1시간 만에 DNA 염기배열 정보를 얻을 것이다.

게다가, 이 정보는 의사들에게 매우 유용한 것이 될 것이다. 아마도 의사라면 이 말의 의미를 더 정확히 이해할 수 있을 것이다. 의사는 이러한 유전자 정보를 활용하여 환자의 건강 상태를 정확히 예견할 것이고, 개개인에게 적합한 치료를 할 수 있게 되어, 결국 2세대 맞춤의학의 시대를 열 것이다.

2003년에 인간 게놈 프로젝트가 완성되었을 때는 전체 유전자의 2%에 불과한 유전자에 대해서만 알아냈다. 연구자들은 나머지 98%가 어떠한 역할을 하는지를 알아내지 못했다. 사실 최근까지지도 대부분의 생물학자는 이 98%의 정크쓰레기 DNA가 오랜 진화 과정에서 돌연변이에 실패한 후 남겨진 것들이라고 여겨왔다.

그러나 미국국립보건원National Institute of Health, NIH의 재정적 지원을 받아 80여 개의 기관들이 참여하는 대규모 연구기획 'ENCODE 프로젝트'는 '정크 DNA 중 최소 80%가 특정한 임무를 수행하기 위해 특정 세포의 특정 유전자의 발현을 조정하는 역할을 하고 있다'고 최근에 공표했다. ENCODE는 'ENCyclopedia Of DNA

미국국립보건원의 재정적 지원을 받아 80여 개의 기관들이 참여하는 대규모 연구기획 ENCODE 프로젝트.

Elements DNA 백과사전'을 줄인 명칭으로, 시애틀에 위치한 워싱턴대학교의 연구팀을 중심으로 운영되고 있다. 이들은 역사상 최초로 생명 현상의 모든 부분을 관장하는 DNA 염기쌍을 정확히 이해할 수 있게 되었다. 수많은 종류의 세포 안에 조절 유전자 구조 유전자의 형질 발현을 조절하는 유전자가 어디에 위치하는지를 밝혀내는 상세한 지도를 그려냈다. 뿐만 아니라 조절 유전자 내부에 기입된 유전자의 지령 instructions에 대한 분석 데이터를 얻어냈다.

최근 「네이처 Nature」 지에는 2편의 논문이 실렸다. 이 논문들은 ENCODE 프로젝트의 연구결과를 소개한 것인데, 인간의 유전자를 통제하는 조절 유전자를 최초로 규명한 획기적인 연구결과였다. 이 논문들은 인체가 어떻게 각기 다른 종류의 세포를 만들어내는지, 정상적인 유전자가 어떻게 해서 질병을 유발하는 유전자로 변형되는지를 알아내는 데 필요한 실마리를 제공했다. 이 두 논문을 요약하면 다음과 같다.

첫째, 조절 유전자는 세포의 형태에 따라 독창적인 성격을 띠고 있기 때문에 세포의 정체성을 드러내주는 일종의 분자적 바코드라고 할 수 있다. 연구자들은 조절 유전자와 그 조절 유전자가 통제하는 다른 유전자를 찾아낼 수 있는 방법론을 개발해냈다. 대부분의 유전자를 '프로그래밍'하는 조절 유전자는 열댓 개가 넘는 DNA 스위치로 이루어졌음을 밝혀냈다. 그로 인해 유전자가 어떻게 통제되는지를 알게 되었고, 정상적인 세포와 병변을 일으키는 세포는 유전자를 통제하는 방식에서 어떤 차이점이 있는지를 알게 되었다.

둘째, 유전자를 활성화 또는 비활성화시키는 유전자 지령은 인간 게놈의 '넌진non-gene 영역' 전체에 걸쳐 흩어져 있는 조절 유전자에 기입되어 있다. 워싱턴대학교 연구진들은 조절 유전자의 스위치의 위치를 매핑한 후 무엇이 그 스위치들을 작동시키지를 알아내고자 했다. 그래서 살아 있는 세포 내의 유전자 조절 기능을 담당하는 단백질과 만난 유전자의 정보를 알아내기 위해 단순하면서도 강력한 방법을 고안했다. 이는 다름 아닌, DNA에 남겨진 단백질의 그림자나 '족적footprint'을 찾는 일이었다.

세포에 DNaseI 효소를 처리한 후 얻어지는 수십억 개의 DNA 조각을 차세대 DNA 시퀀싱 기술을 사용함으로써 이러한 분석연구가 가능해졌다. 그 후 고성능 컴퓨터를 이용해 수백만 개의 단백질 '족적'을 분석했다. 그 결과, 인간 게놈 전체에 걸쳐 있는 840만 단백질

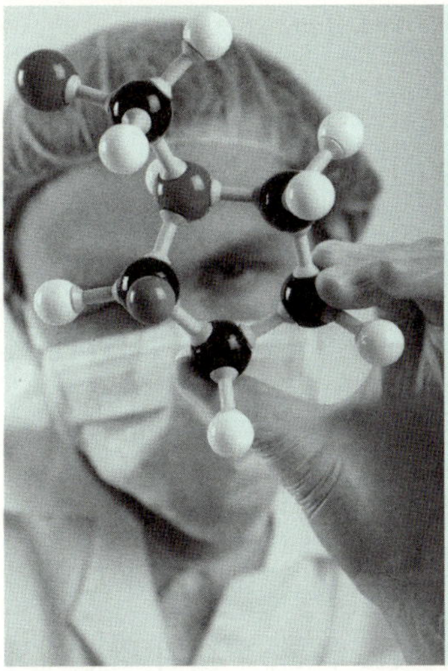

2세대 맞춤의학의 시대에서 성공하려면 오늘날의 제약회사와는 근본적으로 다른 차별성을 지녀야 할 것이다.

의 흔적을 발견해냈고, 그중 일부는 다양한 종류의 세포들에서 찾아볼 수 있었다.

그 후 연구진들은 단백질들이 결합된 모든 종류의 짧은 DNA 염기배열들을 밝혀냈으며, 수백 개의 컴퓨터 마이크로프로세서에 기반한 소프트웨어 알고리즘을 이용해 그것들을 분석했다. 이를 통해 90% 이상의 단백질 결합지점이 단지 683개의 유전자 지형들의 변형에 불과하다는 것을 알게 되었다.

이제 우리는 인간의 전체 유전자 중 단백질 합성 코드를 갖고 있는 2%의 유전자에 대한 초보적인 지식을 넘어, 그 2%를 통제하는 나머지 98% 유전자에 대해서도 정확히 알게 되었다. 유전자 시퀀싱 기술이 기하급수적으로 향상되는 상황과 맞물려 ENCODE 프로젝트는 2세대 맞춤의학 시대를 보다 빨리 앞당기고 있다.

그러나 기술만으로는 충분치 않다. 낡은 비즈니스 모델에 2세대 맞춤의학이라는 첨단부품만 갈아 끼우는 회사는 결코 성공하지 못할 것이다. 2세대 맞춤의학의 시대에서 성공하려면 오늘날의 제약회사와는 근본적으로 다른 차별성을 지녀야 할 것이다. 부즈앤컴퍼니에 따르면, 미래의 제약회사들은 프로세스와 기술, 지식, 숙련도, 마케팅 등 모든 것이 유기적으로 맞물려 움직여야 할 것이다.

예를 들어, 어떤 회사가 암 분야에서 전문성을 갖추고자 한다면 전문적인 유전공학 연구자를 영입하는 것은 물론, 고객의 입장에서 생각하며 고객 각자의 특성에 맞는 맞춤의학 서비스를 제공하는 마케팅을 펼쳐야 한다. 또한 2세대 맞춤의학 시대에서 제약회사나 병원은 인간의 생명뿐만 아니라 개인정보의 성격을 띤 유전자 정보를 취급하게 될 것이므로, 사람들은 제약회사와 병원에 감시의 시선을 더 강하게 보낼 것이다.

따라서 제약회사와 병원은 도덕성을 요구받을 것이다. 개인의 유전자 정보를 안전하게 보호할 수 있는 장치를 마련해야 할 것이다. 앞으로 사람들은 '상품'이 아닌 '가치'를 만드는 기업의 제품을 선호할 것이다. 의료산업 역시 그러한 영향을 받을 것이고, 약장사가 아닌 사람의 건강뿐만 아니라 개인정보까지도 책임지고 지켜주는 '가치 있는' 기업이 되어야 한다.

역사적으로 선두적인 제약회사들은 혁신 기술에 의존해 사업을 유지해왔고 수익성이 좋은 시장에 신약을 지속적으로 공급함으로써 선두를 유지할 수 있었다. 그러나 최근 제약산업의 생산성은 약화되었고 신약 출시는 가뭄에 콩 나듯 이루어지고 있다.

예전과 달리 2세대 맞춤의학 시대에서는 의약품을 대량생산하려고 해서는 안 된다. 새로운 시대에서는 개개인의 특성에 따라 소량생산을 해야 하는데, 이는 얼핏 보면 수익성이 없어 보인다. 하지만 개인 맞춤형으로 소량생산된 의약품들은 작은 수익풀revenue pool들이 모여 크나큰 수익풀을 이룬다. 이 의약품들은 기존의 것들과 달리 엄청난 예방 및 치료 효과가 있으니, 효율적인 유통 및 마케팅이 뒷받침된다면 더 큰 이윤을 창출할 것이다. 소비자들은 효능이 뛰어나지는 않지만 가격이 저렴한 백 가지 약보다 비싸더라도 효능이 뛰어난 한 가지 약을 선호하기 때문이다.

10년 후 세계
Report

첫째, 2세대 맞춤의학 시대에서는 베스트셀러 약품들을 찾아보기 어려워지게 될 것이다. 개인별로 각기 다른 약이 처방되기 때문에, 똑같은 약을 여러 사람이 이용하는 경우가 없어질 것이다. 다음의 6가지 과제를 잘 이행하는 기업은 성공할 것이다.

1. '개인 맞춤형 의학은 옵션이 아니라 필수다'라는 생각을 가져야 한다. 이제 모든 약품을 개발하거나 생산하는 과정에서 대량 소비 시장이 아닌 다양한 특성을 지닌 개개인의 소비자에게 제품을 판매한다는 점을 고려해야 할 것이다.

2. 성공적인 제약기업이 되려면 화려한 과거와 결별해야 한다. 현재 베스트셀러인 약품을 생산하고 있더라도, 앞으로 떠오를 2세대 맞춤의학 시대에 무용지물이 될 것 같으면 바로 그 약품을 버릴 수 있어야 한다.

3. 맞춤의학 능력을 회사에 도입하려면 기존 시스템을 상당히 변화시켜야 할 것이다. 물론, 그 과정에서 상당한 자본이 소모될 것이고, 기업 내부의 구조조정도 필요할 것이다. 하지만 멀리 가려면 멀리 내다보고 연구개발에 공을 들여야 한다.

4. 제약회사는 병원 및 정부 등과 긴밀하게 협력해야 한다. 개인의 유전자 정보를 바탕으로 한 의약품을 생산하기 위해서는 이러한 협력이 반드시 필요하다.

5. 마케팅 부문을 강화해야 한다. 새로운 시대에서 마케터는 고객 개개인의 입장을 헤아릴 수 있어야 하며, 유전자 정보를 안전하게 보호해줄 수 있다는 점을 정확하게 설명할 수 있어야 한다. 따라서 인간의 심리에 대해 폭넓게 이해하는 인문학적 소양과 상대를 사로잡는 대화법이 필요하다.

6. 정보화 시대에서는 많은 정보를 소유하는 이들이 강자가 된다.

제약회사와 병원 등이 개인의 유전자 정보를 취급하면 사람들에게 막강한 강자로 인식될 것이다. 따라서 사람들에게 '약자의 편'을 들어주는 기업의 이미지를 심어주는 것이 좋다. 저소득층을 비롯한 사회적 약자들을 도와주는 사회공헌 활동을 활발히 펼치고, 이를 널리 알리는 홍보 활동이 필요하다.

둘째, 2015년이 되면 2세대 맞춤의학 시장이 크게 성장할 것이다. 의료 소비자들이 새로운 진단 및 치료 방식의 유용성에 대해 점차 알아가게 되면, 맞춤의학은 급성장할 것이다. 개인에게 맞춰져 있어 거의 부작용이 없는 맞춤의학의 장점이 널리 알려질수록 수요가 커질 것이다. 지금도 효과가 뛰어나다면 거금을 들여 신약을 지불하고 있는 소비자의 성향을 고려한다면, 맞춤의학이 만들어낸 신약들은 충분히 성공할 수 있다. 1996년, 유전에 의한 유방암과 난소암을 예측해주는 'BRACAnalysis'가 시장에 나온 적이 있었다. 당시에 이 의료상품은 3천 달러의 높은 가격이었지만, 많은 환자들이 이 비용을 기꺼이 지불했다.

2세대 맞춤의학 시대가 열리면 중증 환자를 대상으로 한 의약품뿐만 아니라 다양한 의약품이 소비자를 사로잡을 것이다. 생체노화 조절물질 연구원, 유전자 치료 연구원, 기능성 식품연구원, 인공생명 시스템 연구원, 나노 생명공학 엔지니어, 바이오 인포메틱스 전문가 등 여러 신종 직업이 생길 것이다.

셋째, 2020년 무렵에는 IT기술의 발달에 힘입어 2세대 맞춤의학을 저소득층 소비자들도 이용할 수 있을 것이다. 앞에서 설명한 바와 같이 유전자 시퀀싱 기술로 유전자 검사비용이 줄어들어서 의사들은 역사상 처음으로 환자들의 전체 유전자에 대해 알 수 있는 길이 열리게 되었다. ENCODE 프로젝트에 사용되는 슈퍼컴퓨터가 암, 유전병, 면역계 질환에 영향을 미치는 유전자들에 관한 엄청난 양의 데이터들을 분석해서 그 비밀을 벗겨낼 것이다. IBM의 왓슨Watson 같은 슈퍼컴퓨터에 저비용의 정보 집약적인 진단 테스트와 인공지능 기반 전문 시스템을 설치한다면, 환자 개개인의 특성에 맞춘 진단 및 치료가 현실화될 것이다.

24

바이오-나노프린팅, 이메일로 의료용 백신이 전송된다

세계 최고의 두뇌들이 바이오프린팅과 나노프린팅 기술을 융합하기 시작했다. 바이오-나노프린팅 시대가 열리면 생체 정보와 바이오화학 기술이 인터넷을 통해 전송될 것이다.

얼마 전부터 3D 나노프린팅 기술이 각광받고 있는데, 이 기술은 컴퓨터에 설치된 프로그램을 통해 매우 정밀한 입체적인 피사체를 만들어내는 기술이다. 피사체를 나노 분자 단위로 얇게 한 겹 한 겹 쌓아올리면서 프린트하는 것이다. 전문가들은 3D 나노프린팅의 시장 규모가 30억 달러까지 성장할 것이라고 예측한다.

바이오프린팅은 세포나 성장인자를 찍어내 3차원의 조직이나 장기를 만들어내는 기술이다. 바이오프린팅이 나노프린팅과 융합되어

크레이그 벤터는 생명체를 디지털화하여, 이를 빛의 속도로 전송할 수 있을 것이라고 전망했다.

바이오-나노프린팅이라는 새로운 기술이 탄생하게 되었는데, 이 기술은 새로운 유기체와 분자 단위의 생명체를 창조해낸다.

이 새롭고도 대담한 신기술을 이끌어낸 장본인은 미국의 유전학자 크레이그 벤터Craig Venter이다. 그는 셀레라 제노믹스Celera Genomics 사와 TIGRThe Institute for Genomic Research의 창립자이다. 벤터는 2000년에 인간 게놈의 염기서열을 알아낸 최초의 과학자 중 하나로 널리 알려졌고, 2010년에는 최초로 합성 게놈을 가지고 세포를 만들어냄으로써 또 한 번 언론의 관심을 받았다.

2012년 11월에 열린 「와이어드Wired」 지의 컨퍼런스에서 크레이그 벤터는 다음과 같이 말했다.

"우리는 단백질과 바이러스를 빛의 속도로 이동시킬 수 있는 방법을 발견했습니다. 우리는 생명체를 디지털화할 수 있습니다. 그리고 그것을 빛의 속도로 전송해서 다른 한쪽에서 그것을 다시 만들어낼 수 있습니다."

이 말은 언젠가는 과학자들이 '이메일로 의료용 백신을 전송할 수 있다'는 것을 의미한다. 언제 어디에서 전염병이 발생될지도 모르는 현 상황에서는 질병이 발생했을 때 최대한 빨리 백신을 공급하는 것이 중요하다. 그러나 연구자들이 백신을 만들어 의약회사가 이것을 대량생산하고 전 세계로 유통시키는 데는 몇 주 내지 몇 달이 걸린다. 그사이에 환자들은 소중한 생명을 잃게 된다.

바이오-나노프린팅을 활용하면 바이러스가 위협하는 곳이라면 어디든지 그 지역의 의사에게 이메일로 백신이 전송될 것이다. 크레이그 벤터는 병원에 설치된 바이오프린터가 정보를 받아들일 수 있도록, 생체 고분자화합물을 디지털 코드로 바꾸는 방법을 알아냈다. 덕분에 의료진들은 환자들에게 백신을 빠르게 투여할 수 있을

바이오-나노프린팅을 활용하면 바이러스가 위협하는 곳이라면 어디든지 그 지역의 의사에게 이메일로 백신이 전송될 것이다.

것이다. 환자마다 투여할 백신을 프린터로 연속적으로 찍어내는 방식이 아닌, 무해한 박테리아에 유전자를 접목시키는 방식으로 단 몇 시간 만에 수십억 개의 분량을 확보할 수 있을 것이다.

앞으로 바이오-나노프린팅은 전 세계 전염병 환자들의 고통을 획기적으로 줄여줄 것이다. 전 세계 사람들은 안전하고 효과가 좋은 것으로 입증된 신약을 신속하게 공급받을 것이다.

10년 후 세계
Report

첫째, 바이오-나노프린팅은 우리를 바이오 테러로부터 안전하게 지켜줄 것이다. 오늘날에는 생명공학이 발달해 테러리스트들이 생화학 무기를 만드는 것이 더욱 쉬워졌다. 2001년에 탄저병 테러를 당한 이후 미국 정부는 1천만 명에게 투여할 수 있는 탄저병 백신을 국가 전략 비축물자Strategic National Stockpile의 명목으로 구매했다. 탄저병 테러를 또다시 당하게 된다면 정부는 공격받은 지역에 백신을 신속하게 공급해야 하는데, 이러한 일이 생기게 될 것에 대비해 많은 백신을 미리 준비한 것이다. 하지만 그로 인해 많은 비용이 소모되었다.

앞으로는 유전자 시퀀싱 기술로 바이오 테러 사건이 발생하자마자 병원체를 알아내어 백신을 개발할 수 있을 것이다. 그러면 백신은 이메일을 통해 피해지역에 전달될 것이다. 유전자 시퀀싱 기술은 인간의 건강과 관련된 여러 분야에 두루 이용될 수 있으므로, 생물자원 공학자, 유전자 치료 연구원, 나노 생명공학 엔지니어, 바이오 인포메틱스 전문가 등 여러 신종 직업이 생길 것이다. 이러한 직업을 가진 사람은 의사 못지않은 높은 연봉을 받을 것이다.

둘째, 2030년까지 바이오-나노프린팅은 2세대 맞춤의학 시대를 맞아 크게 성장할 것이다. 바이오-나노프린팅으로 개개인의 특성에 따른 의약품을 소량생산할 수 있으므로, 저소득층의 희귀병도 적은 비용으로 치료할 수 있는 시대가 열릴 것이다. 의사들이 그저 컴퓨터 프로그램을 통해 처방약을 선택하기만 하면 바이오프린터가 알아서 알약이나 주사액을 만들어줄 것이다.

셋째, 바이오-나노프린팅이 진행되기 위해서는 유전자 정보를 담은 파일을 전송해야 한다. 유전자 정보가 파일 전송 과정에서 손상되는 것을 막기 위해서는 데이터의 엄격한 암호화와 검증 절차가 필요할 것이다. 또, 바이오-나노프린팅의 하드웨어와 소프트웨어를 상시적으로 점검해 원본과 복제본이 확실히 일치하는지를 철저히 관리할 필요가 있다. 따라서, 바이오-나노프린팅 보안 전문가라는 새로운 직업이 생길 것이다.

25 성체줄기세포 치료, 100세까지 살고 70세까지 일한다

1990년대에 줄기세포가 발견된 이후, 최근 배아줄기세포에 집중되었던 관심이 성체줄기세포로 옮겨가고 있다. 앞으로 10년 뒤 노화, 당뇨, 심장병, 암 등 건강을 위협하는 심각한 질병들이 성체줄기세포 치료법으로 극복될 수 있다.

줄기세포 분야가 더디게 발전하게 된 이유는, 배아줄기세포 치료에 심각한 윤리적 문제가 있으며 암과 기타 부작용을 야기했기 때문이었다. 하지만 성체줄기세포가 발견된 이후, 연구는 엄청난 속도로 발전하고 있다. 성체줄기세포는 다양한 세포 유형으로 바뀔 수 있는 미분화세포이다. 최근 과학자들은 두 가지 성과를 거두었다.

첫째, 과학자들은 체세포를 전분화능력 pluripotency, 특정 조건의 배양액

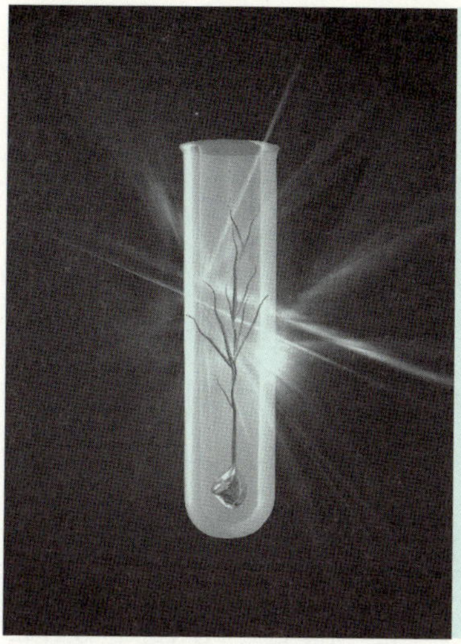

최근 배아줄기세포에 집중되었던 관심이 성체줄기세포로 옮겨가고 있다.

에서 배양을 하게 되면 원하는 세포로 분화할 수 있는 능력을 지닌 줄기세포로 리프로그램하는 방법을 개발했다. 이 방법에는 기술적인 문제가 있지만, 상당한 진전이 이루어지고 있다.

둘째, 성체줄기세포는 신체 일부를 치료하거나 유지하는 데 사용되는 조직이나 장기의 분화세포에서 자연스럽게 발견된다. 특정 유형의 성체줄기세포를 다른 세포 유형으로 바꿀 수 있으므로, 원래 조직과는 다른 조직을 치료하는 데 사용할 수 있다.

줄기세포 치료는 질병 치료뿐만 아니라 노화 방지도 가능하게 해준다. 최근 가장 주목을 받은 연구는, 인간의 노화 과정을 늦추거나 중단시키는 방법에 관한 것이다. 이 연구는 피츠버그의과대학교 University of Pittsburgh School of Medicine 줄기세포 연구센터의 조니 화드

Johnny Huard 박사와 분자유전학자 로라 니던호퍼 Laura Niedernhofer 박사가 실시했다. 연구진은 젊고 건강한 쥐의 근육에서 추출한 줄기세포와 같은 전구세포를 주입해 조기 노화가 진행되는 쥐의 손상된 장기를 재생시키고 노화를 눈에 띄게 둔화시킬 수 있었다. 실험쥐의 수명은 2배, 어떤 경우는 3배로 늘어났음에도 전반적인 건강 상태는 양호했다. 이 연구는 노화 과정을 늦추는 데 유용한 다음과 같은 3가지 특징을 발견했다.

첫째, 성체줄기세포는 노화의 일환으로 기능이 저하된다. DNA는 복구 능력을 상당부분 잃게 되며, 성숙한 세포는 기능을 수행하는 능력이 다소 떨어진다. 이처럼 줄기세포의 기능이 저하되어 노화가 진행되고 치매, 골다공증, 당뇨병 등 노화에 동반되는 질병이 나타난다.

둘째, 어린 쥐에서 추출한 줄기세포를 활용하면 노화를 막아줄 수 있다. 조기 노화가 진행되는 쥐의 복부에 젊고 건강한 쥐의 미성숙한 근세포를 주입하자, 쥐는 활력을 되찾았고 더욱 건강해졌으며 수명이 2배 내지 3배 정도 늘어났다.

셋째, 근육줄기세포는 연구진이 'X인자 Factor X'라고 부르는 물질을 분비했는데, 이는 쥐의 모든 신체를 회춘하게 만드는 기적을 발휘했다.

화드 박사는 앞으로 10년 내에 이러한 연구를 토대로 인간의 노화를 막아줄 수 있다고 발표했다. 그는 "분비되는 물질이 무엇인지 알게 되면, 알약 형태로 X인자를 제공해 노화를 늦출 수 있을 것"이라고 전망했다.

한편 UCLA 연구진은 줄기세포를 이용한 새로운 암 치료 방법을 연구하고 있다. 연구진은 혈액줄기세포를 조작해 흑색종암의 일종을 억제하는 T세포를 만들 수 있다는 점을 입증했다. 이 연구는 혈액줄기세포가 유전적으로 바뀌었지만 여전히 생물체 내에서 흑색종에 대항하는 많은 T세포로 바뀔 수 있다는 점을 처음으로 입증한 것이다. 이 연구를 이끌고 있는 디미트리오스 바타키스Dimitrios Vatakis는 "이들 줄기세포는 혈액 주변에 존재하며, 흑색종 항원을 탐지하면 암에 대항하기 위해 자기복제가 가능합니다"라고 밝혔다.

뉴욕에 위치한 메모리얼 슬로언-케터링 암센터Memorial Sloan-Kettering Cancer Center는 새로운 연구를 수행하고 있다. 줄기세포 치료에 변형을 가한 이 새로운 연구는 암 치료 이후 암을 재발시키거나 전이시키는 줄기세포와 싸우고 있다. 이 연구는 암줄기세포를 죽이는 종양 분해 바이러스에 초점을 맞추었다. 이 바이러스는 특히 췌장암처럼 기존의 화학요법과 방사선 치료에 내성이 생긴 종양을 치료하기 위해 유전적으로 조작될 수도 있다.

당뇨 역시 줄기세포 치료로 극복할 수 있는 질병이다. 제1형 당뇨병은 체내의 인슐린 생산 세포가 파괴되어 신체가 혈당치를 조절할 수 없게 되는 것이다. 예일대학교 의과대학Yale School of Medicine 연구진은 성체줄기세포가 많이 있는 자궁내막에 관심을 기울였다. 연구

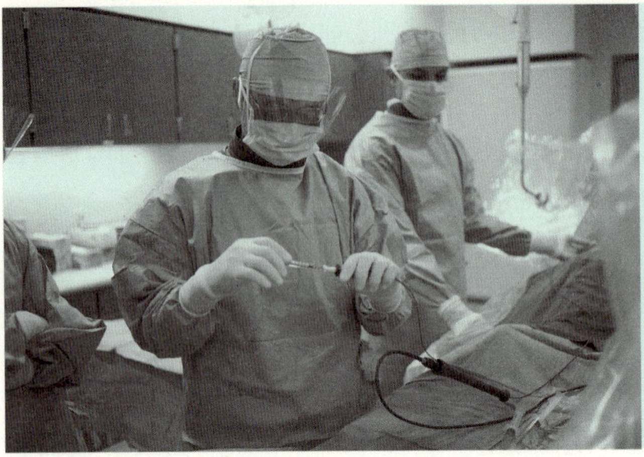

앞으로 10년 안에 노화, 당뇨, 심장병, 암 등 건강을 위협하는 심각한 질병들이 줄기세포 치료법으로 극복될 수 있다.

진은 특별 영양소와 성장 인자가 포함된 배양조직에서 줄기세포를 성장시켜 췌장에서 볼 수 있는 것과 같은 인슐린을 생산하는 췌도세포를 만들어냈다. 이로 인해, 조만간 제1형 당뇨병을 앓고 있는 사람들에게 사용할 수 있는 이식용 췌도세포가 개발될 것이다.

또한 줄기세포 치료는 부상당한 환자들을 치료할 수도 있다. 일본 홋카이도대학교 의학대학원Hokkaido University Graduate School of Medicine은 쥐를 이용해 뇌손상 치료를 실시했다. 뇌손상을 입은 쥐의 경동맥에 주입된 줄기세포는 곧장 두뇌를 향했다. 치료를 받은 쥐는 운동기능을 회복했다. 반면에 치료를 받지 않은 쥐는 회복되지 않았다. 치료를 받은 쥐의 뇌를 검사하자, 줄기세포가 손상된 두뇌 영역을 치료하는 뇌세포로 바뀌었다는 점을 확실히 알 수 있었다. 앞으로 외상성 뇌손상 및 뇌졸중으로 고통받는 환자들도 치료받을 수 있게 되었다.

골절 역시 조만간 줄기세포 치료를 통해 극복될 것이다. 한 해에 약 60만 명이 불의의 사고로 골절상을 입고 완치되지 못하고 있다. 노스캐롤라이나대학교 채플힐University of North Carolina at Chapel Hill 연구진은 쥐를 대상으로 실험했는데, 골 재생 호르몬이 풍부한 줄기세포가 정상적인 기간 내에 회복이 불가능한 골절을 회복하는 데 도움이 된다는 사실을 알게 되었다. 이 연구는 골절 환자들에게 매우 반가운 소식이다.

줄기세포 치료를 받으면 젊고 아름다운 피부로 되돌릴 수도 있다. 웰컴 트러스트 생어 연구소Wellcome Trust Sanger Institute 연구진은 리프로그래밍의 효율성을 극적으로 향상시킨 2가지 추가 조절 요인을 기존 연구에 덧붙였다. 그 결과, 줄기세포는 질적으로 더욱 우세해졌다. 생어 연구소의 펜타오 리우Pentao Liu는 "우리 팀이 개발한 리프로그램된 세포는 쥐의 줄기세포와 동일한 역량을 보유하고 있다는 점을 입증했습니다. 우리의 방법은 과학자들이 인간에게 세포대치요법에 사용할 세포 유형을 만들어내는 줄기세포를 쉽게 조작하고 리프로그램할 수 있게 해줄 것입니다"라고 말했다.

이러한 발전을 고려할 때, 다음과 같은 예측을 할 수 있다.

10년 후 세계
Report

첫째, 앞으로 10년 내지 15년 뒤에는 성체줄기세포 치료로 치료비용이 상당히 줄어들 것이다. 줄기세포 치료는 질병의 표적치료를 100% 성공시킬 것이다. 성체줄기세포 치료는 점차 값비싼 외과치료를 대신할 것이며, 간단하면서도 효과적인 성체줄기세포 치료로 외과 의사들 중 상당수가 일자리를 잃을 것이다. 따라서 주위에 의과대학에 들어가려는 사람이 있다면 "외과에는 가지 말라"고 충고해주자.

한편, 성체줄기세포 치료는 수술 후 부작용도 없기 때문에, 환자들은 빨리 회복되고 입원 기간도 짧아질 것이다. 병원 측은 환자의 병원비가 줄어드는 만큼 새로운 비즈니스 모델을 개발해야 할 것이다.

둘째, 성체줄기세포 치료와 관련된 산업은 크게 성장할 것이다. 2012년 전 세계 줄기세포 시장은 324억 달러 규모였는데, 정부가 현재의 줄기세포 규제를 완화시키면 줄기세포 치료 시장은 더 커질 것이다. 한국은 성체줄기세포 분야에서 놀라운 발전을 보이고 있는데, 한국의 바이오기업 알앤엘바이오는 알앤엘조인트스템자가지방유래 줄기세포 치료제을 이용해 퇴행성 관절염을 치료하기 위한 임상실험을 하고 있다.

이처럼 임상실험을 거쳐 완성된 치료제를 판매하려면 정부의 규제가 풀려야 한다. 한국 정부가 임상실험을 통해 효능이 입증된 성체줄기세포 치료제를 하나둘 승인해준다면 이 분야 회사들의 수익은 크게 늘 것이다. 또, 성체줄기세포는 질병을 치료할 수 있을 뿐만 아니라 노화 방지와 피부미용에도 도움이 되므로, 고령화 사회에서 장수나 미용과 관련된 상품을 생산하는 바이오기업도 성장할 것이다.

셋째, 성체줄기세포 치료가 보편화되면 우리는 100세까지 살 수 있게 된다. 오래 살게 되는 만큼 70세까지 일해야 안정된 노후생활을 즐길 수 있을 것이다. 고령화 사회에서는 은퇴 이후에도 일하는 사람이 늘 것이다. 실버창업을 하거나 경비 및 청소 등 다양한 서비스 직종에서 일하는 노인층 노동자도 늘어날 것이다. 한편, 고령화 사회에 맞춰 노인을 대상으로 하는 업종도 유망할 것이다. 노인건강운동지도사, 노인대학 전문강사, 사회복지사 등은 전망이 밝다.

26 나노기술, 모든 암을 없애버린다

수십 년 동안 발전해온 나노기술이 의학, 특히 암과 관련된 종양학에 엄청난 영향을 미치고 있다. 가까운 장래에 나노기술을 이용한 치료법이 임상실험을 거쳐 성공을 거둘 것 같다. 이후 이러한 나노기술은 모든 치료의 주류가 될 것이다.

암을 연구하는 과학자들은 오랫동안 답답함을 느꼈다. 암세포를 파괴할 가능성이 다분한 강력한 치료제를 만들어도, 그 치료제가 주변 조직도 괴사시킬 가능성이 높기 때문이었다. 이 문제를 해결하기 위해 치료제를 약하게 만들면, 암세포가 생존해서 퍼져나갔다.

하지만 이제 나노기술이 이러한 문제를 해결해줄 것이다. 나노기술은 믿을 수 없을 정도로 작은 규모에서 이루어지는 과학으로, 1나노미터는 1천만 분의 1인치보다도 가늘다. 나노 입자를 바탕으로 한 암 치료제는 암세포를 타깃으로 공격할 수 있다. 가장 유망한 신기술 몇 가지를 살펴보자.

예일대학교 Yale University 의 W. 마크 잘츠만 W. Mark Saltzman 교수가 이끄는 연구진은 나노 입자를 카테터 의료용 튜브 를 이용해 뇌에 주입한 다음, 압력을 이용해 종양까지 유도해 뇌종양에 항암제를 투여하는 혁신적인 방법을 개발했다.

「네이처 머트리얼즈 Nature Materials」 지는 예일대학교에서 개발한 비바이러스성 나노 입자가 바이러스처럼 활동하면서 특정 유전자를 암세포에 주입해 세포를 죽이거나 치료한다고 보도했다. 이는 이따금씩 건강한 세포를 파괴할 수도 있는 양전하를 가진 기존의 비바이러스성 유전자 치료 물질을 한층 향상시킨 방법이다. 또한 심각한

예일대학교의 W. 마크 잘츠만 교수.

면역반응을 야기할 수 있는 바이러스성 유전자 치료법보다 훨씬 안전하다.

잘츠만 교수가 이끄는 연구진은 새로운 나노 입자를 소수성疏水性, 친수성이 없는 상태으로 만들어 과도한 전하 문제를 극복했고, 따라서 물 분자와 화학적 결합을 이룰 가능성이 적다. 좀 더 구체적으로 설명하자면, 연구진은 안전하고 물에 녹지 않는 유닛을 나노 입자를 생성하는 폴리머에 넣었다. 이렇게 되면 양전하가 줄어들고 안정성이 높아진다.

한편, 사우스햄튼대학교University of Southampton 연구진은 암 종양에 공급되는 혈액을 차단할 수 있는 스마트 나노 물질을 개발했다. 물리학 교수 안토니오스 카나라스Antonios Kanaras가 이끄는 연구진은 소량의 금 나노 입자가 대다수의 암 유전자를 억제시킬 수 있다는 것을 밝혀냈다.

연구진은 내피세포에 중점을 두었다. 연구진이 「나노 레터스Nano Letters」 지에서 설명하는 것처럼, 그들은 레이저 요법이라고 불리는 기술을 활용했다. 이들은 레이저빔으로 나노 입자에 빛을 비추었는데, 내피세포를 파괴하고 종양으로 공급되는 혈액을 차단할 수 있었다.

코넬대학교Cornell University 연구진도 이와 비슷한 방식을 활용하고 있다. 칼 배트Carl Batt 교수가 주도하는 연구진은 두 장의 산화철 사이에 금을 넣고 나노 입자를 합성했다. 그런 다음 대장암세포에서만 발견되는 분자를 표적으로 삼는 항체를 입자에 붙였다. 그렇게 결합된 나노 입자는 암세포를 에워쌌다.

암세포를 죽이기 위해 연구진은 나노 입자에 레이저를 쐈다. 나노 입자에 있던 금은 레이저에서 나온 방사선을 흡수하고, 암세포가 뜨거워져서 죽게 만들었다. 「나노테크놀로지Nanotechnology」 지에서 설명한 것처럼, 주변의 건강한 세포는 아무런 피해를 입지 않았다. 현재 연구진은 전립선 암세포를 대상으로 이와 유사한 실험을 진행하고 있다.

물론, 레이저를 활용하는 기술에는 한 가지 단점이 있다. 레이저가 도달할 수 없는 곳에 암이 발생하면 손을 쓸 수 없다는 점이 바로 그것이다. 그 문제를 해결하기 위해 조지아공과대학교Georgia Institute of Technology 과학자들은 금 나노 입자에 화학물질을 입혔는데, 이 물질은 암세포 핵으로 들어가 분열을 중단시킨다.

조지아공과대학교 레이저 동력학 실험실Laser Dyanamics Laboratory의 책임자 모스타파 엘 사예드Mostafa El-Sayed 교수는 「미국 화학회지Journal of the American Chemical Society」를 통해 일단 암세포가 분열을 중단하면, 세포사멸이 시작되어 세포가 죽는다고 말했다. 엘 사예드는 "암의 경우 핵은 일반 세포의 핵보다 훨씬 빨리 분열하기 때문에, 분열을 저지시키면 암의 진행을 막을 수 있습니다"라고 말했다.

연구진은 귀, 코, 목에 있는 암에서 채취한 세포로 가설을 입증했다. 그들은 금 나노 입자를 암세포의 세포질로 이끌어내기 위해 채취한 세포를 'RGD'라 불리는 펩티드로 꾸몄다. 또한 'NLS'라는 펩

티드를 사용해 금을 세포핵으로 끌어들였다. 이전의 연구자들은 금을 세포질에 전달하는 것만으로는 암세포에 아무런 효과가 없다고 했다. 하지만 새로운 연구는 금을 세포핵에 이식하면 사실상 세포를 죽일 수 있다는 점을 입증했다.

비록 연구진은 그 이유를 정확하게 설명하지는 못했지만, 금은 세포의 DNA를 방해하면서 효과를 나타낸다. 이는 또 다른 연구 주제가 될 것이다. 중요한 점은 그러한 방식이 효과가 있다는 것이며, 심지어 레이저가 도달하지 못하는 곳에 위치한 암세포에도 효과가 있다.

또 다른 기발한 방법은 금 나노 입자를 레이저가 아닌 교번자기장alternating magnetic fields으로 태우는 것이다. 조지아대학교의 과학자들은 이러한 방식으로 건강한 세포를 손상시키지 않고 쥐에게 발병한 두경부암뇌를 제외한 머리와 목에서 발생하는 암 종양세포를 1시간 반 만에 죽일 수 있다는 사실을 발견했다.

최근 「세라노스틱스Theranostics」 지에 발표된 연구결과는, 이런 유형의 암세포는 자성 산화철 나노 입자가 일으킨 발열요법을 활용하거나, 실험실 쥐의 체온이 정상체온보다 올라가면 치료된다는 사실을 밝혀냈다. 실험을 위해 췬 자오Qun Zhao 교수는 소량의 나노 입자 치료제를 직접 암세포 부위에 주사했다. 다음으로 와이어 코일로 감겨 매 초당 1만 번이나 방향이 바뀌면서 자기장을 발생시키는 플라스틱 관에 쥐를 넣었다. 와이어 코일이 발생시킨 자기장은 암세포 안에서 농축된 나노 입자에서만 열을 발생시켰으며, 주변의 건강한 세

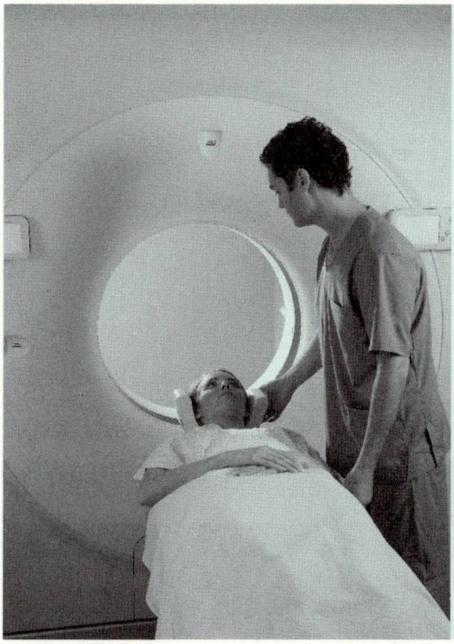

가까운 미래에, 나노기술은 단 한 번의 진단으로 정확하게 암을 진단하고, 환자를 고통스럽고 지치게 만드는 부작용 없이 환자의 몸에서 암을 완전히 제거할 수 있는 치료법을 제공할 것이다.

포와 조직은 아무런 손상을 입지 않았다.

마찬가지로, 버지니아테크Virginia Tech 연구진은 암세포를 가열하고 파괴하기 위해 자성유체 발열요법을 연구하고 있다. 이 방법은 전립선암, 간암, 유방암 등의 치료에 성공적으로 이용될 수 있다.

최근 미국 물리학회 유체역학부American Physical Society Division of Fluid Dynamics가 개최한 회의에서 연구결과를 발표한 연구진의 말에 따르면, 연구진은 자성 나노 입자를 정맥에 주입했다. 그러자 나노 입자는 암 조직에 달라붙었다. 연구진이 30분 동안 고주파 자기장을 더하자 입자는 뜨거워졌고, 암세포의 온도는 상승했다. 다른 연구와 마찬가지로 뜨거워진 암세포는 사멸했으며, 주변의 건강한 조직에 아무런 악영향을 미치지 않았다.

보다 완벽한 기술을 내놓기 위해, 대학원생 몬루드 리앙룩사 Monrudee Liangruksa와 동료들은 다양한 유형의 자성 나노 입자의 효과를 실험했다. 가장 장래성 있는 변종은 자철석과 마그헤마이트 maghemite, 산화철의 일종였다.

10년 후 세계
Report

첫째, 나노기술은 화학요법에 비해 훨씬 효능이 뛰어나고 부작용이 거의 없는 암 치료법을 선보일 것이다. 앞에서 설명한 실험들이 앞으로 5년 안에 인간을 대상으로 한 임상실험을 거치면, 인류를 괴롭히는 모든 암들을 없앨 수 있다. 성체줄기세포 치료법과 더불어 나노기술은 암 치료를 라식 수술처럼 쉽게 받을 수 있게 할 것이다.

앞으로 보험사들은 암보험상품 대신 다른 보험상품을 개발해야 할 것이다. 국립암연구소 National Cancer institute에 따르면, 현재 미국인들 가운데 50% 정도가 앞으로 암에 걸릴 수 있다. 「USA 투데이 USA Today」와 카이저가족재단 The Kaiser Family Foundation, 하버드대학교 보건대학원 Harvard School of Public Health이 함께 실시한 설문조사는 '암 환자 가운데 25%가 암 치료를 위해 가진 재산 중

전부 또는 거의 전부를 사용한다'는 사실을 밝혀냈다. 하지만 나노기술을 토대로 한 신기술이 확산되면 많은 사람들의 생명과 재산을 지켜줄 것이다. 나노기술은 암을 손쉽게 치료할 수 있게 하므로, 사람들은 더 이상 암보험을 들지 않을 것이다.

둘째, 나노기술은 의료기기 산업을 변화시킬 것이다. 나노기술을 토대로 한 진단법을 활용하면 수 주일 동안 검사 결과를 기다리지 않고도 환자는 단 한 번의 병원 방문으로 몇 분 내에 진단 결과를 알 수 있을 것이다. 자성 나노 입자는 오늘날의 엑스레이와 MRI 기술을 향상시킬 것이며, 의사가 실수로 발견하지 못하는 매우 작은 종양도 찾아낼 것이다. 나노기술을 적용한 소형 진단기는 의사와 환자 모두를 행복하게 만들 것이다. 마치 교통경찰이 술에 취한 운전자들에게 음주측정기를 들이대는 것처럼, 의사가 환자의 코에 소형 진단기를 갖다 대면 호흡을 통해 폐암을 비롯한 각종 호흡기 질환을 발견할 수 있을 것이다. 결국, 나노기술을 이용해 성능이 뛰어난 의료기를 만드는 기업이 각광받을 것이다.

셋째, 나노기술을 기반으로 한 암 치료는 2018년 이후에나 활용할 수 있을 것이다. FDA가 인체를 대상으로 실시한 새로운 치료를 승인하기까지는 대개 2~3년이 걸릴 것이며, 상업화되기까지는 추가로 몇 년이 더 걸리기 때문이다.

27 유전자조작 기술, 새로운 농업 혁명을 일으킨다

지난 40년간 과학자들은 '유전자재조합 기술'과 '유전자변형 기술' 등을 통해 식물의 품종을 개량시켜왔다. 척박한 땅에서도 잘 자라는 유전자조작 식물을 재배해 생산성을 높이기 위해서였다. 전 세계 식량 수요가 급격히 치솟자 이러한 식물은 각광받게 되었다.

유전자조작 기술이 발달함에 따라 특정 유전형질이나 맞춤형으로 조합한 유전특질을 한 종에서 다른 종으로 정확하게 이식할 수 있게 되었다. 이러한 기술을 통해 식물의 종이 다양해졌고 농업 혁명의 새로운 장을 열었다. 농업인들은 높은 소득을 올릴 수 있게 되었다. 그리고 근래에는 다양한 목적을 충족할 수 있는 정밀한 유전자조작이 가능하게 되었다.

2012년 여름, 미국은 100년 만에 기록적인 가뭄을 겪었지만 유전자조작 기술과 작물재배 기술 덕분에 피해를 줄일 수 있었다.

2012년 여름, 미국은 100년 만에 기록적인 가뭄을 겪었지만 유전자조작 기술 덕분에 피해를 줄일 수 있었다. 예년보다 옥수수 수확량이 줄어들었지만 20년 전의 최고 수확량과 동일한 양이 산출되었다. 20년 전에는 가뭄에 강한 옥수수 품종이 다양하게 존재하지 않았기 때문이다.

뿐만 아니라, 작물재배 기술도 많은 개선이 이루어져 과거보다 많은 작물을 생산할 수 있게 되었다.

최근 「네이처Nature」 지에는 이와 관련된 연구결과가 실렸다. 미네소타주립대학과 캐나다 몬트리올에 위치한 맥길대학교의 연구팀은 수확이 적은 농지를 대상으로 얼마만큼의 물과 비료를 투입해야 토지가 가진 수확의 최대치를 이끌어낼 수 있는지를 연구했다. 이들의 연구결과는 다음과 같다.

- 거의 모든 작물에서 45%에서 70% 정도 생산량이 증가했다. 동부유럽, 사하라 사막 이남 아프리카, 동아시아, 남아시아의 가난한 국가들에서도 이러한 수확 증가가 예상된다.
- 식물의 성장을 방해하는 제한 요인limiting factor이 무엇인지 밝혀냈다. 비료는 동부유럽과 서부아프리카의 옥수수 농사와 동부유럽의 밀농사에서 제한 요인으로 작용하고, 물과 비료는 동남아시아의 쌀농사에서 제한 요인으로 작용한다.
- 질소는 28%, 인은 38%의 사용량을 줄여도 옥수수, 밀, 쌀의 생산량에는 영향을 끼치지 않는다.
- 전 세계적으로 질소와 칼륨 투입량을 각각 9%와 34%씩 늘리고 인은 2% 줄이면, 전 세계 저수확 농지의 최대 곡물 생산량이 75%나 증가할 수 있다.

이처럼 개선된 농법을 통해 상당한 수익을 올릴 수 있다. 이에 덧붙여, 척박한 땅에서도 잘 자라는 유전자조작 식물을 재배하면 생산성을 극대화시킬 수 있다. 이를 통해 급격히 치솟는 세계 식량수요를 충족시킬 수 있고, 아프리카에서 발생하는 기근 문제를 해결할 수 있을 것이다. 하지만 일부 국가에서는 유전자변형식품GMO에 대한 반감이 커질 수도 있다.

10년 후 세계
Report

첫째, 세계 인구는 2050년까지 90억 명으로 증가할 것이다. 주로 아시아와 아프리카에서 인구가 크게 늘기 때문에 세계 인구는 늘어날 것이며, 그에 따라 식량 수요도 폭발적으로 증가할 것이다. 미국 「포브스Forbes」는 2013년 4월 8일에 최근 10년 동안 가장 높은 인구증가율을 보인 메가시티인구 천만 이상의 도시의 순위를 발표했는데, 1위부터 10위까지를 아시아와 아프리카 국가들이 차지했다. 1위는 최근 10년간 80.5%의 인구증가율을 보인 파키스탄의 카라치가 차지했고, 그 뒤를 이어 중국의 선전, 나이지리아의 라고스, 중국의 베이징, 태국의 방콕, 방글라데시의 다카, 중국의 포산, 중국의 상하이, 인도의 델리, 인도네시아의 자카르타가 2위부터 10까지 이름을 올렸다.

앞으로 이들 대도시에서 식량수요가 크게 늘 것이므로 식량가격도 높아질 것이다. 식량가격이 상승할 것에 대비하기 위해 여러 국가들은 식량생산에 필요한 에너지를 늘릴 것이다. 천연가스, 청정화력발전, 차세대 원자력발전 등으로 에너지를 얻기 위해 노력할 것이다. 한편, 이들 국가들의 소비자에게 유전자변형식품을 판매하는 기업은 큰 이윤을 남길 것이다.

둘째, 현재 최대 식량 수출국인 미국과 캐나다는 곡물 생산을 극대화하고, 농업의 자동화를 꾀하며, 효율성이 높은 에너지원을 갖추면 앞으로도 큰 수익을 올릴 것이다. 반면에, 식량 생산을 위한 자원들을 충분히 보유하지 못한 국가들의 식량 의존도는 높아질 것이다. 한국인의 경우에는, 중국어 등을 공부해 미국과 캐나다 식품회사의 현지법인에 취업하면 좋을 것이다. 또한, 한류 문화의 확산에 힘입어 한국음식에 대한 관심도 높아질 것이므로, 중국과 인도 등의 국가에서 현지 소비자의 입맛에 맞게 변형한 퓨전 한국음식을 판매하는 것도 좋을 듯싶다.

셋째, 유전자변형식품에 대한 반감도 커질 수 있다. 유전자조작 기술의 부작용을 두려워하는 소비자층이 최근 유럽엽합과 한국 등 소득수준이 높은 국가들에서 확산되고 있다. 과거 20년 동안 유럽연합은 유전자조작 기술의 사용을 제한하는 법안과 규제를 제정했다. 유럽연합은 유전자변형식품보다는 유기농식품을 선호하고 있다. 유전자조작 기술에 반감을 가진 사람들은 유기농식품이 더 많은 영양소를 갖고 있으며 인체에 무해하다고 주장한다.

그러나 최근 스탠포드대학교의 한 연구팀의 논문에 의하면, 화학비료를 사용해 산출한 작물은 더 높은 수치의 농약을 사용하기는 하지만 이는 인체에 해로운 수준의 수천 분의 일에 지나지 않는다. 아이러니하게도 유기농식품에는 사람을 죽일 수도 있는 대장균이 서식하고 있어 잠재적으로는 더 위험하다. 또한 유기농으로 길러진 작물과 유전자변형식품은 영양학적으로도 큰 차이가 없다. 그런데도 불구하고 유럽연합과 한국은 유기농식품을 앞으로도 옹호할 듯싶다. 따라서 이들 국가에서는 유기농식품 산업이 성장할 것이다.

제5부

생활문화

새로운 일자리가 창출된다

28. 의료 혁명, 인간의 장애가 극복된다 29. 상업우주비행, 우주여행산업이 발전한다 30. 카터콥터, 자가용 비행기가 대량생산된다 31. 녹조류와 배양육, 음식 혁명을 이끈다

2023

GLOBAL TREND

28 의료 혁명, 인간의 장애가 극복된다

우리 주위에는 선천적 장애와 외상성 장애 등으로 고통을 겪는 이들이 많다. 지금 우리는 다리를 저는 사람이 정상적으로 걸을 수 있고, 시각장애인이 세상을 볼 수 있으며, 청각장애인이 들을 수 있는 새로운 의료 혁명의 길로 들어서고 있다.

과학기술의 힘을 빌려 인간의 장애를 극복하고자 하는 움직임이 활발해지고 있다. 재료공학, 마이크로봇Microbot, 생명공학이 융합해 의료 혁명은 급물살을 타고 있다. 최근 임플란트 기술이 괄목할 만큼 발전하고 있는데, 가까운 미래에 수십만 명의 시각장애인이 시력을 회복할 수 있을 것이다.

- 렌즈 임플란트 : 센트라사이트CentraSight는 비전케어 오프탈믹 테크놀로지VisionCare Ophthalmic Technologies Inc. 사가 개발했다. 렌즈 임플란트는 74세의 에드 넝제세르ED Nungesser의 인생을 바꿔주었다. 그는 생애처음으로 손녀와 함께 야구 경기를 볼 수 있게 된 것이다. 그는 황반변성macular degeneration, 나이가 들어 황반에 여러 변화가 생겨 시력이 저하되는 현상으로 시력이 크게 악화되었다. 그의 한쪽 눈에 장착된 렌즈 임플란트는 작은 망원경이 되어 시야 폭을 거의 두 배 이상 늘려주었고, 그는 삶의 질을 크게 높일 수 있었다.
- 망막하sub-retinal 임플란트 : 망막하 임플란트는 독일 튀빙겐대학교Tuebingen of Unversity의 시각 연구소와 레티널 임플란트 AG가 공동 개발했다. 질병으로 상실한 빛 수용체를 대체하는 이 도구를 시각 장애인의 망막 아래에 장착했는데, 며칠 만에 사물의 형태와 모양을 볼 수 있게 되었다. 망막하 임플란트는 망막에 집중되는 빛에 반응하는 칩으로 그 빛을 전기 자극으로 변환하여 눈의 자연 영상처리 능력을 향상시키는 것이다. 따라서 환자의 눈 운동에 따르는 안정적인 시력이 형성된다. 이러한 임플란트는 기존의 망막 보조도구보다 더 탁월한 빛 수용 능력을 지녔기 때문에, 훨씬 더 또렷한 시각을 제공한다.

한편 새로운 방식의 인공고관절치환술hip replacement도 매우 큰 주목을 받고 있다. 최근 미국에서만 매년 1백만 명 이상의 사람들이

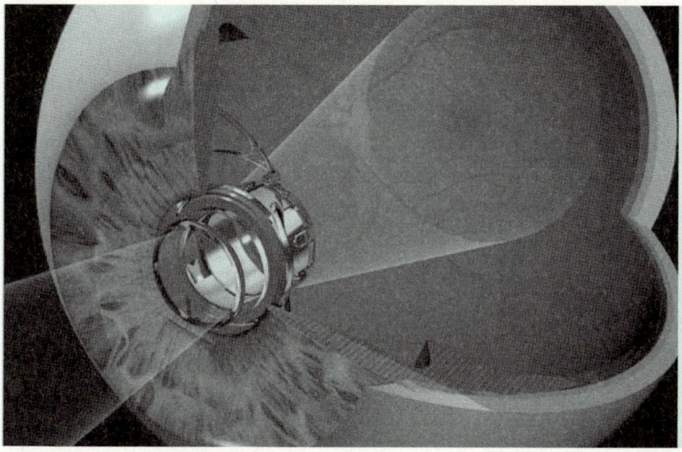

렌즈 임플란트.

인공고관절치환술을 받고 있다. 하지만 시술 이후 약 17%의 경우에 임플란트가 느슨해져 초기에 교체해야 했다. 그 결과, 연령이 높은 환자들의 경우에는 위험한 합병증을 일으킬 수 있다. 다행히도, 최근 두 가지 신기술이 개발되고 있다.

- **MIT의 화학자들은 환자의 뼈에 더 단단하게 부착되는 임플란트를 위한 새로운 코팅 기술을 개발했다. 이러한 코팅 기술이 확산되면 시술 실패율과 감염 위험을 개선할 것이고, 인공물의 조기 교체 비용과 환자의 고통을 감소시킬 것이다. 이 코팅 기술은 임플란트가 더 단단하게 뼈를 생성하도록 신체 세포를 촉진시킨다. MIT 연구자들에 따르면, 이 코팅 기술은 골절 치료, 그리고 치아 임플란트까지 개선시키는 것으로 알려졌다.**

- 임플란트와 뼈의 연결을 강화하기 위해, 뼈 내부와 비슷한 구조를 지닌 티타늄 폼 foam 으로 만든 임플란트도 개발되었다. 티타늄 폼으로 만들어진 임플란트는 혈관과 뼈 세포들이 어떤 방해도 받지 않고 기공이나 홈을 채우며 생장할 수 있다. 드레스덴에 위치한 프라운호프 IFAM 연구소의 연구자들은 이 폼 구조가 '극도의 내구력과 최소한의 강도 사이에서 균형'을 제공한다고 발표했다.

사실 인공고관절치환술에서 가장 중요한 것은 임플란트의 마모율이다. 금속 대 금속 metal-on-metal 임플란트는 고분자 대 금속의 경우보다 더 탁월한 효과가 있다. 예를 들어, 더 뛰어난 대퇴골두를 제작할 수 있다. 이것은 대퇴골 탈구의 위험이 줄어든다는 것을 의미한다. 이러한 기술들은 현재 상당한 진전을 보이고 있다.

- 노스웨스턴대학교와 시카고의 러시대학교 Rush University 메디컬센터, 독일 뒤스부르크에쎈대학교 University Of Duisburg-Essen 의 엔지니어와 의사들로 구성된 연구팀은 최근 놀라운 사실을 발견했다. 환자들로부터 회수한 7개의 임플란트를 정밀 조사한 결과, 연구팀은 주로 흑연으로 구성된 윤활층이 임플란트 주변에 발생했다는 결론을 내렸다. 그것은 인간의 관절에서와 마찬가지로 단백질이 검출되었고, 이러한 금속 대 금속 임플란트가 안정된 고체 윤활제를 발생시키고 있다는 점을 입증한 것이다. 이러한 발견으로 보다 나은 도구를 만들

어낼 수 있게 되었다.

- 독일 서부의 슈투트가르트 Stuttgart 에 위치한 프라운호퍼 연구소의 제작 엔지니어링 및 자동화 부서 Fraunhofer Institute for Manufacturing Engineering and Automation 의 연구자들은 혈액과 림프 체계에서 조직을 상하게 하고 염증을 일으킬 가능성이 있는 고도의 코발트-크롬 chromium 이온 수치와 금속 대 금속의 도구에서 발생하는 오염 물질의 영향을 실험했다. 그리고 이들은 마치 뼈와 같은 탄성을 보이는 무금속 솔루션을 개발해냈다. 'PEEK'라고 불리는 이것은 뛰어난 마모 저항력이 있으며, 생체에 적합한 고분자 합성물로 구성된다.
- SHHG Spectrum Health Hospital Group 에 따르면, 매년 5만 명의 사람들이 만성 발목 관절염으로 고통을 받고 있다. 이 관절염은 발목의 연골이 마모되어 발생하는 것으로, 연골이 상실되어 뼈와 뼈가 직접 맞닿아 큰 고통을 일으킨다. 기존의 치료법은 상해를 입은 뼈를 제거하고 나사와 플레이트로 남아 있는 뼈들을 결합하는 방식이었다. 이러한 조치로 고통이 감소되기는 하지만 활동하는 데 불편을 겪게 했다. 그러나 이제 연구자들은 '내재성 전체 발목 보철 Inbone Total Ankle prosthesis'로 불리는 임플란트를 고안해냈다. 이 대체 관절은 티타늄과 폴리에틸렌으로 구성되는데, 제거되는 뼈를 최소화할 수 있다. 발목뼈에 부착되는 이 대체 관절은 매우 견고하고, 자연스러운 움직임을 보장해 거의 정상인처럼 움직이게 해준다.
- 고통을 없애고 인체의 자연스러운 활동성을 유지하는 또 다른 새로

운 임플란트는 생물학적 요소를 토대로 하고 있다. 뉴욕에 위치한 웨일 코넬 의학대학원 Weill Cornell Graduate School of Medical Sciences 의 의사들과 코넬대학교 과학자들은 척추 임플란트를 공동개발했다. 미국 성인들 중 만성적으로 등 혹은 목에 고통을 느끼는 사람들은 40~60%나 되는데, 새로운 척추 임플란트는 이들을 도와줄 것이다. 기존의 치료 방식은 손상된 척추골을 제거하고 남은 척추골을 결합하는 식이었다. 당연히 치료 이후 활동하는 데 불편함을 느끼게 했다. 반면에 코넬대학교가 개발한 척추 임플란트는 실제 디스크와 구조적으로 완전히 일치하고 똑같은 방식으로 구동된다. 그것은 척추뼈와 함께 자라고 통합되는 두 가지 고분자로 구성되는데, 시간이 지날수록 세포가 생장하면서 훨씬 더 성능이 좋아진다.

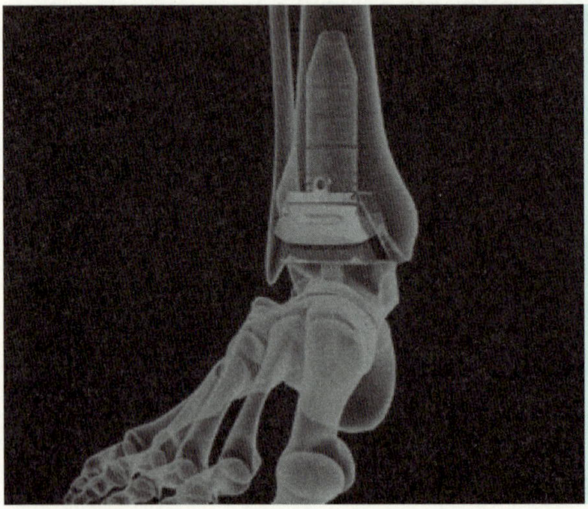

내재성 전체 발목 보철.

팔과 다리가 불편한 환자들을 위한 임플란트도 개발되고 있다. 이 경우에는 임플린트에 전력을 공급해야 하는데, MIT의 엔지니어들은 포도당으로 전력을 공급받을 수 있는 인체에 무해한 연료전지를 개발했다. 이 포도당은 인간의 세포에 힘을 주는 당분과 똑같은 것이다. 이 연료전지는 포도당을 세포가 사용할 수 있는 에너지로 전환하는 세포 효소의 활동을 모방한다. 이것은 매우 미세한 전력을 사용하는 신경 임플란트를 움직이는 데 적합한 전력을 생산하는데, 주변의 뇌하수체에서 필요한 당분을 얻게 된다.

지금까지 언급된 사례들은 빙산의 일각일 뿐이다. 결론적으로 말하자면, 조만간 인간 신체의 모든 장애가 극복될 것이다.

10년 후 세계
Report

첫째, 새로운 의료 기술들은 처음에는 환자들로 하여금 매우 높은 비용을 치르게 한다. 하지만 앞에서 소개한 신기술이 확산되면 치료비가 차츰 낮아질 것이다. 앞으로 10년 이내에 선진국의 병원들에서 망막 임플란트 등을 시술받는 환자가 늘어날 것이고, 이러한 변화에 민첩하게 대응하는 병원들은 높은 수익을 올릴 것이다. 또한 앞으로 보험사들은 이러한 치료들도 보험 약관에 포함시켜야 할 것이다.

둘째, 사고에 따른 장애의 치료법뿐만 아니라 예방법에도 주목해야 할 것이다. 사람들이 점차 삶의 질을 추구하는 쪽으로 트렌드가 바뀌면서 생활안전에 대한 관심이 높아지고 있다. 보다 안전한 주택을 지으면 골절이나 상해의 위험을 최소화할 것이고, 인간의 뼈를 더 튼튼하게 만들어주는 건강식품을 판매하면 소비자에게 사랑받을 것이다.

한편, 병원들은 혈관 주사용 약물 펌프 등의 예방치료 요법들로 환자의 생명을 위협하는 심각한 사고를 막아준다면 어떨까? 앞으로는 시술치료보다 예방치료에 대한 관심이 높아질 것이다. 오늘날 많은 사람들이 종합건강진단을 정기적으로 하고 있듯이, 앞으로는 건강을 위해 예방치료를 하는 사람들이 크게 늘어날 것이다.

29

상업우주비행, 우주여행산업이 발전한다

우주비행은 냉전 시대에 미국과 소련 등이 로켓 기술과 노하우를 경쟁적으로 자랑하면서 시작되었다. 냉전이 종식되면서 우주비행은 저궤도의 우주왕복선을 발사하는 식으로 진행되었고, 이제는 두 가지 방식으로 진행될 예정이다. 하나는 탐사, 특히 지구 궤도를 벗어나 소행성과 화성 등의 행성 탐사에 주력할 것이다. 또 하나는 적은 비용으로 민간인들이 우주여행을 할 수 있는 산업으로 발전할 것이다.

지금까지는 민간기업들이 여러 기기와 우주선 부품을 제작했고, 정부기관인 미국항공우주국NASA, 이하 나사이 프로젝트를 주도했다. 하지만 앞으로는 상황이 완전히 바뀔 전망이다.

나사는 이미 우주비행사를 우주로 보내기 위해 1좌석당 6천만 달러 이상의 비용을 러시아에게 지불하면서 우주여행을 아웃소싱하고 있다. 나사는 민간기업들이 이와 같은 서비스를 보다 저렴한 가격에 제공할 것으로 판단하고 있다. 저궤도 우주비행 업무를 민간기업에 위탁하고, 모든 종류의 서비스를 민간기업에 맡기고 싶어 한다. 화물운송은 민간기업이 맡게 될 첫 번째 위탁 서비스가 될 것이며, 우주정거장에서 우주비행사들을 이동시키는 임무 역시 2017년부터 민간기업이 맡을 것이다. 이러한 회사들이 맡게 될 임무는 다음과 같다.

- **연구를 위한 플랫폼 구축**
- **궤도 및 준궤도에서 탑재장비 운반**
- **민간인들을 대상으로 하는 우주여행**
- **최종적으로 지구 궤도를 벗어난 우주에서의 휴가**

나사의 행정담당자 찰스 볼든Charles Bolden은 다음과 같이 말했다. "실제로 민간기업을 활용해 저궤도 여행을 제공하고, 나사는 나사가 가장 잘하는 일을 할 것입니다. 즉 민간기업이 할 수 없거나 해서는 안 되는 탐사 관련 업무를 맡을 것입니다."

상업우주여행을 활성화하기 위해, 나사는 상당한 비용을 들였다. 2009년에는 상업용 우주개발 프로그램Commercial Crew Development Program에 5천만 달러를 투자했으며, 2011년에는 2억 7천만 달러를 투입했다. 앞으로 이 금액은 5억 달러에 이를 것으로 예상된다. 이들의 목표는 미국의 우주산업을 육성하는 것이다. 그렇게 되면 나사는 미래의 우주 임무를 위해 수백억 달러를 절감할 수 있다.

이러한 이유로 미국 의회는 2012년에 12억, 2013년에 10억 달러를 상업용 우주개발 프로그램에 사용하도록 하는 법안을 의결했다. 미국 에너지국 Department of Energy이 태양열 에너지 기업인 솔린드라 Solyndra에 자금을 지원해 수십억 달러를 낭비한 것과는 달리, 나사는 실제로 승무원과 화물을 우주로 수송하는 우주선을 제작하는 기업들에 자금을 제공해 훗날 더 큰 혜택을 기대하는 것이다.

이러한 민간기업 중 하나인 스페이스엑스 SpaceX의 대변인 커스틴 브로스트 그랜섬 Kirstin Brost Grantham은 "정부는 기술을 필요로 하고, 그런 기술을 개발하는 기업에게 돈을 지불하는 방식"이라고 말했다.

현재, 수많은 기업들이 우주산업에 뛰어들기 시작했다. 이들은 기술을 개발하고 장비를 생산하는 데 주력하고 있는데, 스페이스엑스는 실제로 궤도 비행을 성공시켰다. 이밖에도 주목할 만한 기업들이 있다.

워싱턴 주 켄트 Kent에 위치한 블루오리진 Blue Origin은 아마존닷컴 Amazon.com의 설립자 제프 베조스 Jeff Bezos가 설립했다. 2011년, 이 회사는 우주선 디자인의 연구 자금으로 2,200만 달러를 수주했다. 블루오리진은 화물과 승무원을 운송할 수 있는 원뿔 모양의 우주선을 제작할 계획이다.

콜로라도 주 루이스빌Louisvill에 위치한 시에라 네바다 회사Sierra Nevada Corp.는 8천만 달러를 지원받았다. 이 회사의 우주선 디자인은 1980년대 초에 개발된 나사의 우주선과 비슷하다. 드림체이서Dream Chaser라 불리는 이 우주선은 미니어처 우주선과 상당히 유사하다.

텍사스 주 휴스턴Houston에 위치한 보잉Boeing의 우주사업부는 비글로우항공Bigelow Aerospace과 협력해 우주여행객을 위한 궤도 호텔을 개발하고 있다. 이들 기업은 다양한 프로젝트를 기획해 9,230만 달러를 수주했다.

애리조나 주 투손Tucson에 위치한 파라곤 우주개발회사Paragon Space Development Corp.는 140만 달러를 지원받아 환경제어 및 생명유

스페이스엑스가 개발한 드래곤.

지장치를 개발하고 있다.

콜로라도 주 센테니얼Centennial에 위치한 유나이티드 론치 얼라이언스United Launch Alliance는 수주한 670만 달러를 활용해 로켓의 결함을 사전에 통보하는 감시 시스템을 개발하고 있다. 이 회사는 이 시스템을 아틀라스 VAtlas V와 델타 IVDelta IV 로켓에 활용할 것이다.

유타에 본사를 둔 ATKAlliant Techsystems는 정부의 지원을 받지는 못했지만 우주비행선을 만들기 위해 고체연료 로켓부스터를 개발해 냈다. ATK는 7명의 승객을 태우는 리버티Liberty라는 우주비행선을 개발할 것이다.

가장 많은 지원금을 받은 기업이자 실질적인 궤도 운항 및 귀환에 성공한 기업은 캘리포니아 주 호손Hawthorne에 위치한 스페이스엑스

드래곤은 9일간의 시험 임무를 무사히 마시고 멕시코 바하칼리포르니아 반도에서 500마일 떨어진 착륙지점에 정확히 착수한 뒤 인양되었다.

스페이스엑스의 CEO이자 설계 책임자인 엘론 머스크.

SpaceX다. 이 회사는 지금까지 3억 8,100만 달러를 수주했고, 대체 우주선replacement spacecraft을 제작했기 때문에, 추가로 1,500만 달러를 더 수주했다. 스페이스엑스는 승객을 운반하기 위해 고안된 드래곤Dragon이라는 캡슐과 캡슐을 발사하기 위해 팰콘Falcon이라는 로켓을 개발했다.

2012년 5월, 스페이스엑스는 팰콘과 드래곤의 9일간의 시험 임무를 성공적으로 마쳤다. 드래곤은 3일 동안 궤도를 비행하고 로봇 팔을 사용하는 우주정거장에 도달했다. 주목할 만한 점은, 당시에 드래곤이 화물을 실제로 운송했다는 점이다. 1,100파운드의 음식과 물, 장비가 드래곤을 통해 운송되었다. 더군다나 귀환 비행에서는 1,400파운드에 육박하는 낡은 우주정거장의 장비와 몇몇 과학용

샘플을 적재했다. 우주정거장을 떠난 후 6시간이 지난 뒤, 드래곤은 멕시코 바하칼리포르니아 반도Baja California Peninsula에서 500마일 떨어진 착륙지점에 정확히 착수着水했다. 이는 2010년 12월, 시험 임무를 완수한 이후 두 번째로 임무를 완수한 것이다.

스페이스엑스의 CEO이자 설계 책임자인 엘론 머스크Elon Musk는 매우 흥미로운 주장을 발표했다.

"아마도 이러한 상황은 1990년대에 인터넷이 확산된 것과 유사합니다. 인터넷이 정부의 노력으로 탄생했지만, 기업들이 인터넷을 도입해 사실상 인터넷의 발전이 가속화된 것과 비슷하다고 생각합니다."

최근 네덜란드의 화성탐사업체 마스 원Mars One은 2023년부터 화성에 인간 정착기지를 만들려 하는데, 이 프로젝트에 2주 만에 7만 8천 명이 지원했다. 그만큼 우주여행에 대한 관심이 높은데, 상업우주비행 시대가 열리면 어떤 일들이 벌어질까?

10년 후 세계 Report

첫째, 상업적인 우주비행은 분명히 성공을 거둘 것이다. 민간기업은 정부가 해오던 일들을 저렴한 비용으로 빠르게 수행할 것이다. 일례로, ATK의 리버티 프로젝트는 상당히 효율적인 회사 경영을 통해 개발 비용을 절감하고 있다. ATK는 발 빠르게 대처하며 로켓과 우주선을 만드는 과정을 획기적으로 줄였다. 이러한 효율성을 보일 수 있는 것은, 시너지를 제공하는 다른 기업들과 협력했기 때문이다. ATK는 록히드 마틴Lockheed Martin, 아스트리움 노스아메리카Astrium North America와 힘을 모았다. 이 회사들은 협력과 제휴를 통해 기술적인 문제를 해결했고, 비용을 절감했으며, 결과적으로 우주산업을 더욱더 발전시킬 것이다. 앞으로 우주산업과 관련된 일자리가 크게 늘 것이다.

둘째, 상업우주비행은 미국에서 가장 먼저 시작될 것이고, 해당 산업에서 미국은 독보적인 위치를 선점할 것이다. 프랑스, 일본, 중국 등 현재 우주 개발과 관련된 기술력을 갖춘 국가들 중에서도 미국의 기술력은 여전히 독보적이며, 민간기업들이 참여하게 되면 이 분야에서 미국의 독주를 막기는 힘들 것이다.

그렇다면 상업용 우주비행선은 언제부터 승객을 태울 수 있을까? 버진 갤랙틱Virgin Gallactic의 스페이스십2는 2명의 조종사와 6명의 승객이 탈 수 있는 상업용 우주비행선이다. 버진 갤랙틱은 이르면 2014년 상반기에 첫 상업비행에 나설 것이다. 이 우주비행선에 탑승한 승객은 지상 100㎞까지 올라간 뒤 캄캄한 우주공간에서 5~6분 동안 무중력 상태로 지구를 바라볼 수 있다. 이륙부터 우주비행 후 귀환까지 총 여정은 3시간 정도 걸릴 것이다. 이 우주여행 비용은 현재 20만 달러인데, 버진 갤랙틱의 우주여행 탑승권을 구입하기 위해 이미 560여 명이 2만 달러씩 계약금을 내고 대기 중이다. 그중에는 천재 물리학자 스티븐 호킹, 할리우드 스타 커플 브래드 피트와 안젤리나 졸리, 톰 행크스 등이 있다. 우주여행은 초기에는 비용이 많이 들겠지만 기술의 발전으로 갈수록 비용이 줄어들 것이다. 만약 당신이 5년 혹은 10년 후에 성공하게 된다면, 지구를 떠나보시라.

2023 GLOBAL TREND

30 카터콥터, 자가용 비행기가 대량생산된다

지금으로부터 100년 전, 자동차와 비행기는 인류의 삶을 획기적으로 변화시켰다. 1926년 초만 해도 엔지니어들은 비행이 운전처럼 일상이 되는 꿈을 꿨지만, 그것은 최근까지도 현실이 될 수는 없었다. 하지만 이제 곧 자가용 비행기가 대량생산될 수도 있다.

집에서 목적지까지 꽉 막힌 도로 위를 자가용 비행기Personal Air Vehicle, PAV를 타고 날아가는 것, 이제 그런 일이 가능해졌다. 지난 수십 년 동안, 엔지니어들은 자가용 비행기의 제작비용을 낮추기 위해 다방면으로 노력해왔다.

2004년, 미국 연방항공청FAA은 경비행기의 제작 기준을 변경하고 간소화된 조종사 자격 절차를 명시했다. 그로 인해 자가용 비행기의 시장성에 주목한 많은 기업가들이 새로운 시장에 뛰어들었다. 자가용 비행기 시대가 비로소 열리기 시작한 것이다.

미국 연방항공청이 초경량 제트기Very Light Jet를 제작하도록 허용해준 덕분에 중거리 에어택시 서비스 시장이 성장하고 있다. 초경량 제트기는 6명 내지 8명을 수송하며, 조종사 1명만 있으면 된다. 이 제트기는 연비가 좋고 일반적으로 가격은 1백만 달러에서 2백만 달러 사이이기 때문에, 승객들은 저렴한 요금으로 이용할 수 있다.

물론 에어택시에 탑승하는 승객이 아닌 자가용 비행기의 조종사가 출현하기 위해서는 다음과 같은 필요조건을 충족시켜야 할 것이다.

첫 번째는 저고도로 비행하는 상대적으로 작고 느린 많은 비행기들을 통제하는 데 적합한 항공교통 관제시스템이 필요하다. 이러한 관제시스템은 도시 및 도시 근교에서 효과적으로 운영되어야 할 것이며, 충돌 예방을 확실히 책임져야 한다. 오늘날 저고도 공역은 주요 공항 인근을 제외하면 '규제를 받지 않는 공간'이다. PAV가 대중화되면 항공교통량은 엄청나게 증가할 것이며, 자가용 비행기를 운항하기 위해서는 항공교통 관제시스템이 필요하다. 다행스럽게도, 모든 항공기의 비행경로를 모니터링하고 안전한 운항을 보장해주는 자동화된 항공교통 관제시스템을 만드는 기술은 이미 존재하고 있다.

PAV의 대중화를 위한 두 번째 필요조건은 안전한 자가용 비행기를 만드는 것이다. 고속도로를 주행하는 자동차는 문제가 발생할 경우 갓길에 주차하는 것만으로도 충분하지만, 고속도로 위를 비행하는 경우에는 갑자기 문제가 생기면 끔찍한 상황을 야기할 수 있다. 따라서 일반 대중을 대상으로 하는 PAV는 전력 손실이나 구조적 결함이 발생할 경우 지상으로 안전하게 귀환하도록 제작되어야 할 것이다.

만족스럽지는 않지만, 기존 소형 비행기에서 사람들의 생명을 구해낸 적이 있는 한 가지 방법은 '항공기에 낙하산을 장착whole airplane parachute'하는 것이다. 또 다른 방법은 안전하게 무동력 하강이 가능한 회전날개를 부착하는 것이다. 그렇다면 갑작스런 기상악화로 비행이 불가능한 경우에는 어떻게 해야 할까? 자가용 비행기가 자동차로 변신할 수 있다면, 비행기는 안전하게 착륙해서 도로를 주행할 수 있을 것이다.

세 번째 필요조건은 소규모 공항을 늘리는 것이다. 현재 지방 공항들은 앞으로 증가할 자가용 비행기의 교통량을 감당하기에는 지나치게 제한적일 것이다. 더욱이, 대다수의 사람들은 PAV의 혜택을 누릴 정도로 공항과 가까운 곳에 거주하고 있지 않다. 몇몇 PAV는 수직이착륙이 가능하도록 제작될 것이며, 이는 뒷마당이나 도로가 '개인 공항'이 될 수 있다는 의미이기는 하지만, 개인 공항을 마련하지 못하는 사람들을 위해 적절한 규모의 소형 공항이 도시 곳곳에 들어설 필요가 있다.

CAFE Comparative Aircraft Flight Efficiency Foundation 는 이러한 소형 공항들로 사람들을 수송하는 '교외용 항공기 Suburban Airplane Vehicles'를 구상하고 있다. CAFE는 2천여 평 면적의 초소형 공항에서 30분마다 비행기가 이착륙하도록 계획하고 있는데, 이 계획이 현실화되려면 단거리 이착륙과 소음 제거라는 두 가지 기술적 과제를 해결해야 한다. 나사는 2천 피트 미만의 활주로에서 이착륙이 가능하며, 시속 100마일로 운항할 수 있고, 250피트 높이에서 78데시벨의 소음을 넘지 않는 비행기를 제작하기 위해 160만 달러 규모의 '그린 챌린지 green challenge'를 발표했다.

PAV가 대중화되기 위해 필요한 네 번째 필요조건은, 조종사들이 최소한의 교육을 받고도 안전하게 비행기를 조종할 수 있도록 하는 자동화된 비행 시스템을 개발하는 것이다. 평범한 사람들이 비행을 하지 못하는 이유는 조종하기가 복잡하기 때문이다. 비행의 이러한

비행기는 조종하기가 복잡하기 때문에 대형 비행기에 여러 명의 조종사를 두는 것이다.

특성으로 대형 비행기에 여러 명의 조종사를 두는 것이다.

이러한 문제를 해결하기 위해 자가용 비행기에 컴퓨터를 내장해 조종의 자동화를 이루어야 한다. GE는 이미 새로운 비행 관리 시스템을 개발했고, 대형 항공기에 활용하고 있다. 따라서 이 시스템이 비행과 착륙을 상당부분 자동화하면 자동차를 몰 듯 자가용 비행기를 몰 수 있을 것이다. 거의 모든 성인이 운전면허를 따듯 자가용 비행기 면허시험을 통과하면 PAV를 조종할 수 있게 될 것이다. 본래 무인 군용 항공기를 운용하기 위해 개발된 GE 시스템은 조종사가 직접 수행하는 것보다 비행 상황을 더욱 잘 처리하면서 시험비행에서 좋은 성과를 보여줬다.

다섯 번째 필요조건은 높은 연비이다. 기존의 비행기는 자동차에 비해 많은 기름을 소모하기 때문이다. FAA가 승인한 최초의 '도로 주행이 가능한 비행기' 중 하나는 갤런당 20마일의 연료를 사용해 시간당 100마일의 속도로 목적지까지 비행할 수 있다. CAFE의 회장 브라이언 실리Brian Seeley는 "단거리 비행에 활용되는 소형 비행기가 갤런당 200마일이 넘는 거리를 시속 120마일로 비행하게 될 날이 곧 올 것"이라고 말했다.

마지막 필요조건은 수익 창출이 가능할 만큼 '시장성이 있느냐'일 것이다. 자가용 비행기는 분명 고급승용차만큼 비쌀 것이다. 일부 소비자들의 수요만으로는 해당 산업이 크게 발전하지는 못할 것이다. 따라서 시장성을 키우려면 PAV의 수요를 늘려야 한다. '에어 리

무진 서비스'는 시장규모를 키우는 좋은 방법이 될 것이다. 이 서비스는 고소득 전문직들에게 충분한 수요를 일으킬 수 있고, 한 대의 자가용 비행기를 여러 명이 동시에 소유하도록 하면 보다 많은 사람들이 PAV를 조종할 수 있을 것이다.

그렇다면 앞으로 어떤 PAV들이 도로 위를 날아다니게 될까?

10년 후 세계
Report

첫째, 폴 몰러Paul Moller 박사의 스카이카Skycar는 빠른 시일 내에 상업적인 성공을 거두지는 않을 것 같다. 4인승인 이 스카이카는 1960년대 이후부터 개발되어 왔는데, 오늘날의 기술로도 지나치게 앞서나간 측면이 있다. 해리어기Harrier Jump Jet나 신형 F-35 전투기처럼 스카이카는 편향 추력 엔진을 사용해 수직 이착륙을 시도한다. 이 방식은 엄청나게 강력한 엔진과 매우 정교한 조종을 필요로 한다. 게다가 스카이카는 개인 소비자들이 이용하기에는 비용도 만만치 않다. 수십 년 동안의 연구 끝에, 스카이카의 샘플은 여전히 이륙한 후 주차장 부근만 비행할 뿐이다. 오늘날에도 그다지 나은 모습을 보여주지 않으므로, 현실화되기는 힘들 것 같다.

둘째, 테라푸지아 트랜지션Terrafugia Transition은 이름값을 톡톡히 하겠지만, 가격 대비 성능이 부족하다. 2인승인 이 비행 자동차는 시간당 100마일 남짓 비행하며 기존 공항의 2,500피트 길이의 활주로에서 이륙한다. 기존의 경비행기보다 나은 점이라고는 날개를 접으면 일반 자동차처럼 도로를 주행하는 능력이 있다는 것이다. 29만 달러의 비싼 가격에도 불구하고 이 비행 자동차는 2013년 하반기쯤 출시될 것이다. 현재까지 이 회사는 100대가 넘는 비행기를 주문받았는데, 시장성이 크지는 않을 것이다.

테라푸지아 트랜지션.

셋째, 독일 기업 팔-브이PAL-V가 제작한 자이로콥터 스타일의 비행 자동차는 한정된 시장에서 인기를 얻겠지만, 주류 시장에서 성공을 거두지는 못할 것이다. 팔-브이는 테라푸지아 트랜지션과 마찬가지로 2인승이며 시간당 112마일밖에 비행하지 못하는데, 전국을 비행하기엔 속도가 너무 늦다. 가격은 25만 달러 내지 30만 달러 선에서 책정될 것 같다. 따라서 대부분의 비행이 인근 지역에서만 머무른다면, 비용 대비 성능 측면에서 자이로콥터와 자동차를 따로따로 구매하는 것이 더 저렴하다. 이 비행 자동차는 2014년에 출시될 예정이다.

팔-브이가 제작한 자이로콥터 스타일의 비행 자동차.

넷째, 현재 발표된 PAV 중에서 카터콥터Carter Copter는 대량판매가 가능한 유일한 비행기이다. 이 비행기는 특허 기술을 활용해 헬리콥터와 자이로콥터, 비행기가 가진 우수한 장점을 합쳤다. 헬리콥터처럼 수직으로 빠르게 이륙할 수 있고, 추진 프로펠러의 힘을 받아 시간당 100마일의 속도에 이를 때까지는 기존의 자이로콥터처럼 속도를 낸 다음, '저속 로터/결합 설계'라 불리는 기술이 하중을 로터에서 비행기와 같은 날개로 변환한다. 이 기술을 통해 카터콥터는 시간당 255마일을 비행할 수 있는데, 이는 상업용 헬리콥터나 자이로콥터보다 훨씬 빠른 속도이다. 뿐만 아니라, 헬리콥터처럼 날개가 고정된 비행기로는 접근할 수 없는 지역에 수직으로 착륙할 수 있다.

카터콥터에 내장된 컴퓨터로 상당부분 자동비행이 이루어지며, 몰러 박사의 스카이카처럼 4인승이며 뒷마당에서 수직으로 이착륙이 가능하다. 하지만 스카이카와 달리, 기존의 규격화된 항공엔진을 사용할 수 있으며, 엔진 결함이 발생할 경우 조종사의 통제하에 지상으로 느리게 안착한다. 또한 카터콥터는 여러 모델이 출시될 수 있다. 텍스트론Textron 은 미국 국방부Department of Defense 와 함께 두 가지 카터콥터 모델을 연구하고 있다. 하나는 '플라잉험비Flying Humvee'라 불리며, 다른 버전은 'C-130 사이즈'로 시간당 최고 400마일까지 속도를 낼 수 있다. 기존 헬리콥터의 세계 최고 속도가 시간당 249.1마일인 것을 고려하면 대단히 매력적이다. 카터콥터의 시험 모델은 현재 시험 비행 중인데, 초기의 4인승 버전은 2인승 테라푸지아 트랜지션보다 약간 높은 가격인 30만 달러 선에 판매될 것으로 예상된다.

카터콥터.

31

녹조류와 배양육, 음식 혁명을 이끈다

세계화와 더불어 생활수준이 향상되어 인류의 식단은 놀라울 정도로 빠르게 변화하고 있다. 이로 인해 우리는 적절한 가격에 음식을 접할 수 있게 되었다. 그러자 전 세계적으로 식량 수요가 크게 늘고 있다. 2050년이 되면 세계 인구는 90억 명이 될 것인데, 현재보다 적어도 70% 이상의 음식을 필요로 할 것으로 예상된다. 지금부터 그때까지 세계는 1만 년 전에 농업을 시작한 이후 소비해온 음식보다 더 많은 음식을 소비할 것이다.

이처럼 식량 수요가 증가하게 되는 것은 단순히 세계 인구가 증가하기 때문만은 아니다. 1996년에는 전 세계적으로 1인당 매일 2,358칼로리의 음식을 소비했다. 선진국에서는 1인당 2,947칼로리를 소비했다. 1999년에는 전 세계적으로 1인당 매일 2,803칼로리를 소비했고, 선진국의 경우 3,380칼로리를 소비했다. 3년 사이에 식량 소비량이 엄청나게 늘어난 것이다. 2030년이 되면 1인당 1일 평균 소비량은 3,050칼로리, 선진국에서는 3,500칼로리를 넘을 것으로 예상된다.

전 세계의 식량 수요를 급격하게 높이는 두 나라는 중국과 인도이다. 이들 두 국가의 인구는 전 세계 인구 중 약 3분의 1을 차지한다. 비록 1인당 섭취하는 칼로리가 선진국보다 낮긴 하지만, 두 나라 모두 음식 소비가 증가하고 있다. 1966년에 동아시아인의 하루 섭취량은 1,957칼로리였지만 1999년에는 2,921칼로리로 증가했다. 2030년이 되면 3,190칼로리가 될 것으로 예상된다. 전문가들은 중국 인구가 계속 증가해 2030년에는 절정에 달할 것이며, 그 이후부터는 줄어들 것으로 예측한다. 이 기간 동안 중국은 더욱 산업화되고 생활수준이 높아지면서 육류를 더 많이 소비하게 될 것이다. 그런데 소와 돼지 등을 사육하기 위해서는 많은 물이 필요하다. 이미 물 자원이 부족한 중국은 많은 육류를 수입해야 할 것이다.

인도에서도 음식 소비량이 크게 늘고 있다. 1994년부터 2000년까지 인도에서 1인당 곡물 소비량은 약간 하락한 반면, 고기와 달걀, 생선의 소비량은 약 20% 증가했다. 같은 기간, 우유와 유제품의 소비량도 약 44% 정도 증가했다.

오늘날의 서구화된 식단.

앞으로는 인구가 3천만 명에서 4천만 명에 달하는 거대한 메가시티가 생겨날 것이다. 사용할 수 있는 담수 가운데 절반 정도는 도시 거주자들이 사용할 것이며, 이들이 버리는 음식물은 50억 인구를 부양하고도 남을 정도로 충분할 것이다. 몇몇 전문가들은 2060년이 되면 세계 인구가 100억 명을 돌파하고, 이 인구가 더욱 바람직한 식단을 원할 것으로 전망하고 있다. 그렇게 되면 전 세계의 식량 수요는 현재의 2배가 될 것이다.

그런데, 우리의 식단을 변화시키는 요인은 인구 성장과 선호 음식 외에도 다른 요소가 있다. 가장 큰 요인은 아래와 같은 식량 생산에 필요한 자원들이다.

- 물
- 경작지
- 석유
- 석유화학
- 비료

이러한 자원들이 부족하면 식량을 공급하기가 힘들어질 것이다. 따라서 대체 식량이 개발될 것이다. 몇몇 전문가들이 고도로 정제되고 가공된 음식이 당뇨, 관상 동맥성 심장질환, 뇌졸중과 같은 치명적인 질병을 초래한다고 우려하면서, 이에 대응해 인류의 식단이 변화할 것으로 예상한다.

오늘날에는 전 세계적으로 패스트푸드와 인스턴트식품 등과 같이 칼로리가 높은 정크푸드junk food의 소비량이 늘고 있다. 정크푸드가 건강과 다이어트에 해롭다고 알려지면서, 이를 기피하는 소비자도 크게 늘고 있다. 생활수준이 향상되면 건강과 다이어트에 대한 관심이 더 커질 것이고, 식단은 훨씬 다양해지며, 몸에 좋고 창의적인 음식들이 늘어날 것이다.

현재 인류의 식단은 그다지 다양하지는 않다. 우리는 일반적으로 수십여 종의 식물만을 섭취하고, 10여 종의 동물을 음식으로 섭취한다. 채소는 곡물이나 가축을 키울 때보다 흙, 물, 에너지, 석탄, 비료를 덜 사용하기 때문에, 채소는 미래의 식단에서 더 큰 비중을 차지하게 될 것이다.

문명과 기술이 아무리 발달한다고 해도 '먹는 것'은 가장 중요한 문제이다. 앞으로 인류의 식단이 변화하면 어떤 일들이 벌어지게 될까?

10년 후 세계
Report

첫째, 육류 위주의 식생활에서 벗어나고자 하는 사람들은 채소는 물론 수산물과 곤충류 등을 섭취할 것이다. 일례로 어업을 살펴보자. 앞으로 전 세계 인구가 섭취하는 생선의 대부분은 자연산이 아니라 양식이 될 것이다. 이런 추세는 원양어업이 절정에 달했던 2004년에 분명해졌다. 사람들은 자연산을 원하지만 공급량은 한정되어 있어서, 대부분의 사람들은 양식을 먹어야 한다. 생선은 영양이 풍부하며 대형 가축보다 2배나 빠른 속도로 성장할 수 있다. 천재지변만 피할 수 있다면 양식업은 축산업보다 부가가치가 높다. 생선은 물론 갑각류, 조개류, 성게, 해파리, 해초, 그리고 몸에 좋고 맛도 좋은 새로운 수산물을 양식한다면 소비자의 사랑을 받을 것이다. 또, 육지와 바다에 사는 곤충류, 쉽게 구할 수 있으며 믿고 먹을 수 있는 곤충들이 새로운 음식자원으로 이용될 것이다. 이미 곤충 가운데 약 1,400여 종은 전 세

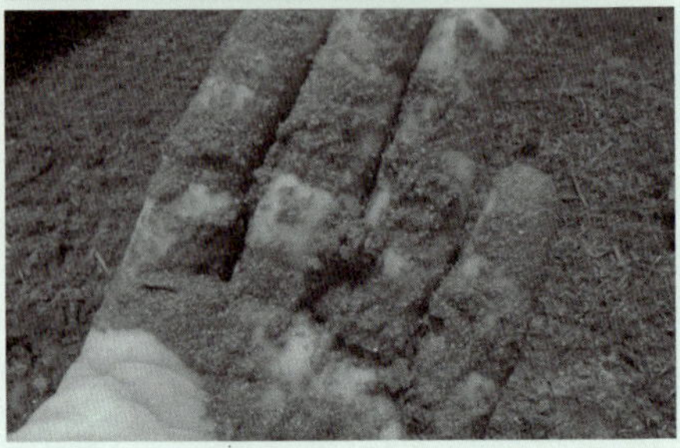

녹조류 농장(위)과
녹조류(아래).

계에서 식용으로 이용되고 있다. 이들은 지방이 적고 칼슘과 철분의 함유량이 많다.

둘째, 식량을 생산하는 방법이 소비자의 취향에 따라 달라질 것이다. 한쪽에서는 유전자조작 기술로 대량생산한 식량을 선호할 것이고, 다른 한쪽에서는 유기농 식품을 선호할 것이다. 미래의 친환경 농업은 유기농 방식과 첨단기술이 융합된 형식일 것이다. 그리고 새로운 산업 및 도시 체계를 고루 활용할 것이다. 로봇 기술이 발전해 인간을 대신해 작물을 재배하는 로봇도 등장할 것이다.

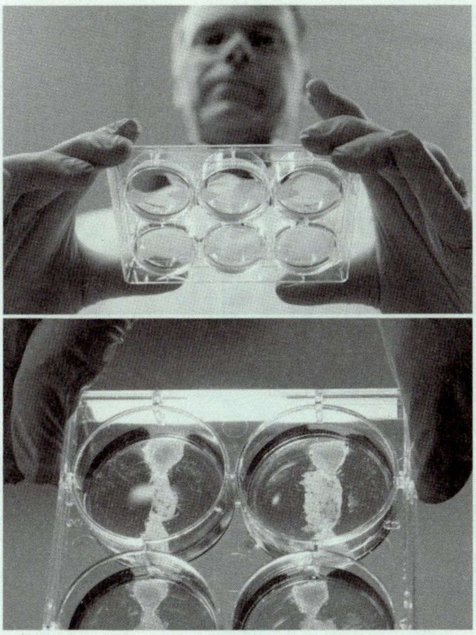

유리접시 안에서 성장하는 배양육.

셋째, 녹조류 농장algae farms 은 인간과 동물을 위한 또 다른 주요 식량자원이 될 것이다. 녹조류는 어디에서든 잘 자란다. 척박한 곳에서도 잘 자라기 때문에 지가地價 가 싼 곳에서도 재배할 수 있다. 녹조류를 재배하면 맛있고 건강에도 좋은 음식을 얻을 수 있다. 게다가 녹조류 농장을 운영하면 바이오 연료를 얻을 수 있으므로 부수적인 수익도 올릴 수 있다. 일례로, 함부르크에서 개최한 국제건축박람회Internationale Bauausstellung 에서는 녹조류가 들어 있는 패널을 에너지원으로 이용하는 빌딩이 공개되었다. 햇빛을 받아 생장하는 녹조류는 이산화탄소와 영양분을 섭취한다. 녹조류는 수확 후에 바이오 연료로 이용되는데, 이렇게 생산한 바이오 연료로 빌딩 전체에 전력을 공급할 수도 있다.

넷째, 미래의 육류 소비량을 충족시킬 식량자원은 '배양육'이다. 유럽과 일본의 과학자들은 이를 개발하는 연구를 계속해왔으며, 최근 세계 최초로 합성 소시지를 성공리에 생산했다. 동물의 줄기 세포는 유리접시에서 배양육으로 성장할 수 있다. 배양육은 기존의 육류를 생산하는 방식보다 흙, 물, 비료, 탄소 등이 덜 소모되므로, 환경오염을 상당히 줄일 수 있다. 또한 기존의 목장과 육류 가공 공장에서는 거의 없애기 어려웠던 세균, 항생제, 호르몬 등을 없앨 수 있으므로, 고기를 배양하기가 더욱 수월하다.

다섯째, '생물학적 배양bio-cultures'도 증가하는 식량 수요를 충족시킬 것이다. 현재 세포 배양 방식이 의료 연구에 사용되고 있는데, 머지않아 식량을 생산하는 데도 이용될 것이다. 식물, 동물, 균류, 미생물 등에서 추출한 세포가 거대한 금속 그릇에서 배양되어 영양이 풍부한 음식을 생산할 것이다.

여섯째, 다양한 식량 수요를 충족시키기 위해 새로운 산업과 일자리가 등장할 것이다. 소비자가 원하는 새로운 작물을 개발하면 높은 부가가치를 창출할 것이다.

일곱째, 메가시티가 늘어나면 소비자와 더욱 가까운 곳에서 식량을 생산하는 도시 농장이 탄생할 것이다. 그리고 소비자가 곧 생산자가 되어 작물을 재배할 것이다. 작은 뒷마당이나 발코니에 작물을 재배하려는 사람이 늘 것이니, 건설회사들은 이들을 위해 집 안에 작은 텃밭을 만들어주어야 할 것이다. 그리고 아파트와 빌딩 등에 공동 채소밭이 들어설 수도 있다. 심지어 몇몇 전문가들은 채소와 과일뿐만 아니라 생선과 어패류를 직접 재배하려는 소비자가 늘어날 것이라고 예측한다.

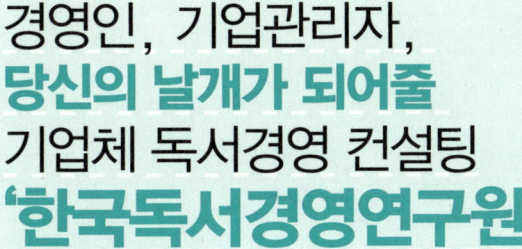

10년후
일의미래

〈트렌즈Trends〉 지 특별취재팀 지음 | 권춘오 옮김

초판 1쇄 펴낸날 · 2013년 5월 25일
초판 4쇄 펴낸날 · 2014년 8월 2일
펴낸이 · 이효순 | 펴낸곳 · 일상과 이상 | 출판등록 · 제300-2009-112호
편집인 · 김종필 | 디자인 · 출판iN
주소 · 서울시 종로구 낙원동 58-1 종로오피스텔 1211호
전화 · 070-7787-7931 | 팩스 · 032-872-7931

ISBN 978-89-98453-05-3 13320

값 15,000원